ALLIANCE DES MAISONS D'ÉDUCATION CHRÉTIENNE

ABBÉ CH. DANJOU

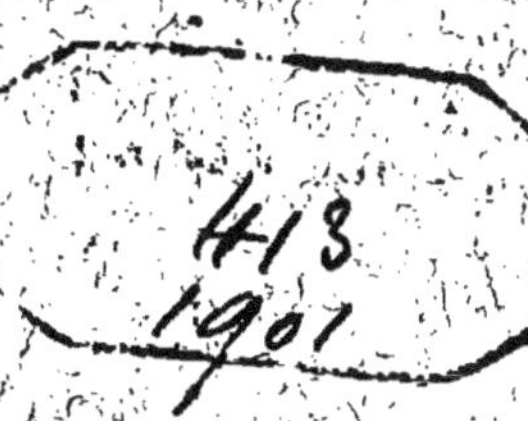

MÉTRIQUE ÉLÉMENTAIRE
DES
HYMNES ET PROSES
DE L'ÉGLISE

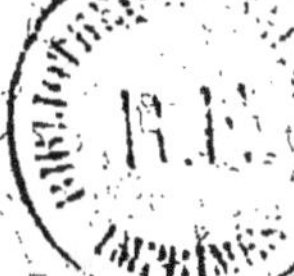

AVEC CENT MÉLODIES

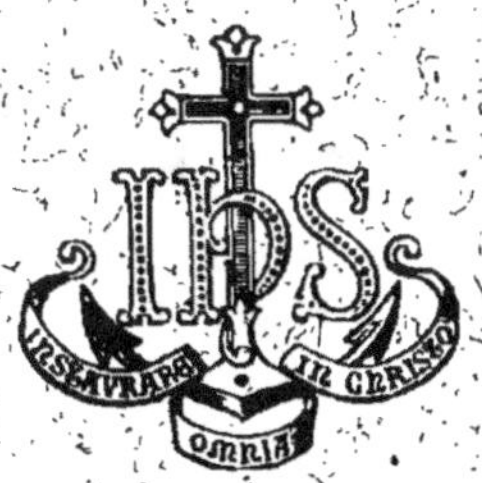

PARIS
LIBRAIRIE CH. POUSSIELGUE
rue Cassette, 15.

1901

MÉTRIQUE ÉLÉMENTAIRE

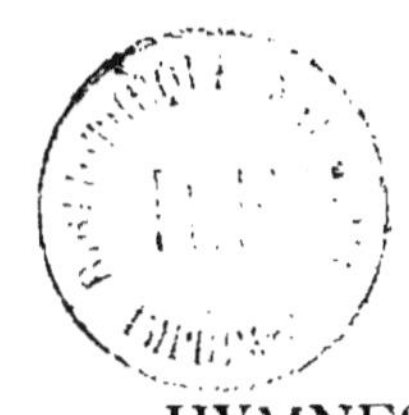

DES

HYMNES ET PROSES DE L'ÉGLISE

Imprimatur

Autun, le 19 Février 1901

L. Gauthey, vic. gén.

ALLIANCE DES MAISONS D'ÉDUCATION CHRÉTIENNE

MÉTRIQUE ÉLÉMENTAIRE

DES

HYMNES ET PROSES

DE L'ÉGLISE

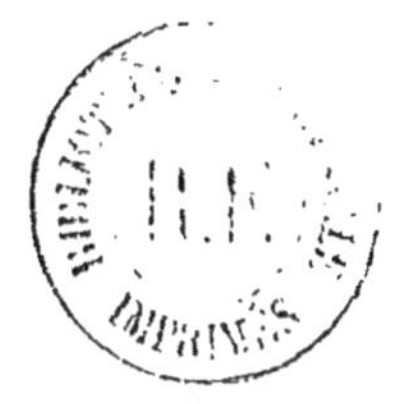

Avec Cent Exemples

DE

MÉLODIES LITURGIQUES

PAR

M. L'ABBÉ CH. DANJOU

chanoine honoraire d'Autun

Ancien Directeur de l'Ecole du Sacré-Cœur

à Tournus.

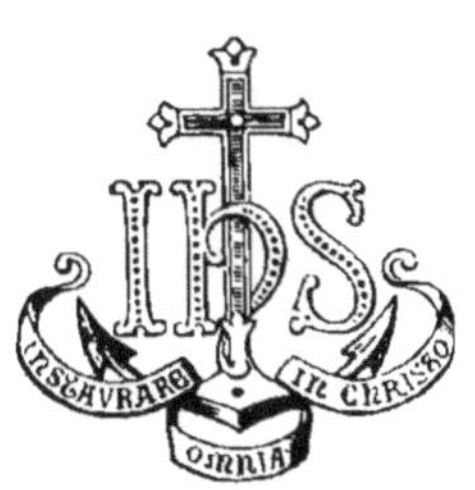

PARIS

LIBRAIRIE CH. POUSSIELGUE

15 rue Cassette, 15.

1901

AVERTISSEMENT

Dans ce petit travail sur les Hymnes et les Proses de l'Église, nous présentons quelques notions courtes et simples, mais pratiquement suffisantes, sur leur constitution rythmique et leur adaptation mélodique.

Pour plus de clarté, et aussi afin de joindre l'agréable à l'utile, nous y avons intercalé, pour chaque rythme spécial, un très grand nombre d'exemples notés.

Ces mélodies suivent l'ordre des huit modes du plain-chant et sont écrites en musique moderne mesurée. *En effet, tout en respectant la manière de voir contraire, nous regardons comme démontré que certains morceaux de plain-chant, mais surtout les hymnes et les proses, peuvent adopter une mesure exacte sans rien perdre de leur gravité. Au contraire, le rythme qui, pris dans un sens large, doit de l'aveu de tous exister même en plain-chant, devient, en se faisant plus précis, un élément précieux non seulement d'ensemble, mais encore de véritable beauté.*

Pour ce qui regarde la métrique des hymnes, *nous donnons tout ce qui est nécessaire pour en bien faire saisir la structure, mais nous n'insistons pas outre mesure, dans la pensée que la plupart de ceux qui nous liront ont conservé, de leurs études classiques, des notions qu'il suffit de rafraichir et d'appliquer à ces* odes *sacrées que sont nos hymnes liturgiques.*

Mais nous nous sommes appesanti davantage sur ce qui regarde la métrique des proses, *parce qu'elle est généralement bien moins connue et cependant très digne de l'être. Nous osons même espérer que cette petite étude ne sera pas sans agrément pour ceux qui s'intéressent particulièrement au chant liturgique. Souvent peut-être ils ont subi, comme à leur insu, le charme qui se dégage de la lecture ou du chant de nos belles séquences du missel romain et des autres proses conservées, pour les offices du soir, dans les divers Propres diocésains. Ils en trouveront ici les règles essentielles, et en les étudiant ils verront que, si les proses fournissent au cœur son aliment, par la piété et l'onction dont elles sont remplies, elles parlent aussi à l'esprit et ne sont pas indignes, au point de vue métrique et littéraire, d'être mises en comparaison avec les plus belles hymnes coulées dans l'antique moule des diverses odes classiques.*

S'il nous était permis de formuler un vœu en finissant, nous exprimerions aux vénérés Supérieurs et Directeurs des Maisons d'éducation chrétienne, des Petits Séminaires surtout, le désir, — tout surnaturel et désintéressé, — de voir ce petit livre entrer dans le catalogue annuel de leurs classiques, *ou du moins inspirer à quelq'un de leurs excellents professeurs la pensée de le perfectionner, afin de lui faire prendre ensuite cette place honorable.*

Il est regrettable, en effet, qu'après avoir étudié avec le plus grand soin les odes d'Horace, un chrétien instruit et fidèle aux offices de sa paroisse, quelquefois même un prêtre, reste dans une ignorance presque complète de ce qui concerne la métrique sacrée de nos hymnes et de nos proses liturgiques.

Pour venir en aide à ceux qui regrettent comme nous cette lacune de l'enseignement donné à nos jeunes gens chrétiens et à nos futurs clercs, nous avons tenté ce modeste essai avec un soin particulier et un sentiment très vif de son utilité. Quant à savoir si la réussite a répondu à notre bonne volonté, ce n'est évidemment pas à nous d'en juger; c'est principalement aux Maîtres de l'Enseignement chrétien qui voudraient bien adopter ce modeste travail, qu'il appartient de l'apprécier à l'usage *et d'aider leur ancien collègue à faire mieux, le cas échéant, en le favorisant de leurs judicieux conseils dont il leur sera toujours très reconnaissant.*

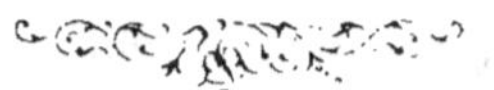

MÉTRIQUE ÉLÉMENTAIRE DES HYMNES ET PROSES DE L'ÉGLISE

NOTIONS PRÉLIMINAIRES

1. — Les Hymnes et les Proses de la liturgie sont toutes *mesurées*, excepté la prose *Victimæ* de Pâques. Mais dans les Hymnes, la mesure est presque* toujours rythmique et prosodique tout ensemble ; dans les Proses, au contraire, elle n'est ordinairement que rythmique ou syllabique. En d'autres termes, les Hymnes sont de la *Poésie latine* appartenant à la métrique classique connue; les Proses sont de la *prose rythmée* selon certaines règles bien définies. On appelle aussi *vers*, quoique improprement, les lignes à syllabes quelconques, prosodiquement parlant, qui en composent les strophes.

2. Avant de parler de chacune des strophes usitées pour les hymnes liturgiques, donnons d'abord, ou plutôt rappelons quelques notions préliminaires qui trouvent à chaque instant leur application.

1° La syllabe *finale* d'un vers quelconque peut toujours être longue ou brève, à volonté.

2° Un vers est dit *hypermètre* ou allongé quand il a *une* syllabe de plus que ne le comporte sa dénomination. Au contraire, un vers est dit *catalectique* ou écourté s'il lui manque *une* syllabe, et *brachy-catalectique* s'il lui en manque deux.

---

* Nous disons *presque toujours*, car on trouve des hymnes qui ne sont pas prosodiques, par exemple l'hymne *Sacris Solemniis* qui ressemble à la strophe asclépiade sans en avoir la quantité prosodique. Réciproquement, la prose *Sponsa Christi* de la Toussaint est non seulement rythmique, mais encore prosodique et se compose de deux trochaïques tétrametres catalectiques dédoublés en quatre vers.

2° Les prosodistes distinguent 25 ou 30 pieds différents. Il suffira à nos besoins d'en admettre seulement quatre, savoir : *l'iambe* (Dĕō), le *trochée* (témplă), le *spondée* (laudēs) et le *dactyle* (glōrĭă). Les choriambes (sollĭcĭtī) du vers asclépiade se résolvent en dactyles.

3.— Nous retiendrons les dénominations classiques d'*hexamètres* et de *pentamètres* pour les vers qui portent ces noms, parce qu'ils ont bien six pieds et cinq pieds respectivement. Mais dans les vers iambiques et trochaïques, le mot *mètre* n'a plus le même sens : il exprime non pas la valeur d'un pied, mais celle d'une *dipodie* ou double pied. Ainsi l'iambique trimètre a six pieds, le dimètre en a quatre. Aussi, vaudrait-il mieux peut-être, donner aux vers iambiques et trochaïques les épithètes de *sénaire, quaternaire, trinaire*, etc. selon qu'ils ont six, quatre ou trois pieds.

4.— Dans la composition d'une pièce destinée à être chantée, il est tout à fait désirable d'éviter les *élisions* qui gênent toujours la mesure et les *rejets* qui nuisent à l'union du sens des paroles avec la mélodie.

D'autre part, dans l'adaptation d'une mélodie à une pièce rythmée, il faut, autant que possible faire tomber les syllabes longues ou accentuées sur les *temps forts* et les syllabes brèves sur les *temps faibles*. Dans la mesure à quatre temps, qui se bat souvent à deux temps, les temps forts sont le premier et le troisième. Dans la mesure à trois temps, ce sont le premier et le second ; le seul temps faible est le troisième.

5. Nous avons dit dans l'Avertissement que nous regardions la *mesure* comme une chose dont la nécessité nous est démontrée, du moins pour les hymnes et les proses.

Mais, admettant la nécessité de la mesure, ne doit-on pas du moins rejeter la mesure à trois temps ? Plusieurs plainchantistes contemporains sont des adversaires irréductibles de cette mesure ternaire * Pourquoi ? on ne savait trop en donner de bonnes rai-

---

* Ce qu'il y a de curieux et d'inconséquent à la fois dans la pratique de ces ennemis de la mesure à trois temps, c'est que tout en abregeant de moitié la note double qui remplit les deux premiers temps, ils en laissent bien subsister l'équivalent c'est-à-dire deux communes, à ces mêmes temps, quand elles se presentent au cours de la mélodie. Voir par exemple les mélodies 64 et 65.

sons, si d'ailleurs il s'agit d'une mesure ternaire grave et digne ; car que ne peut-on pas parodier ou ridiculiser ?

6. — Toutefois, nous avouons que nos préférences vont aussi au rythme binaire ou quaternaire quand la mélodie ou la place relative des brèves et des longues du texte n'en souffre pas d'une manière appréciable. (Voir par exemple les mélodies comparées des nos 44, 45, 46, 47, 48, 49, 53 & 54). Mais on ne peut nier que pour quelques unes des mélodies liturgiques, c'est les défigurer notablement que de vouloir leur enlever leur rythme ternaire. C'est aussi rendre plus difficile le placement des syllabes *élidées* ainsi qu'on peut le voir par la comparaison des mélodies Nos 53 et 54.

7. Cela posé, nous allons, dans six chapitres successifs, passer en revue toutes les strophes employées dans la liturgie catholique, qu'il s'agisse des hymnes prosodiques, des hymnes à apparence prosodique ou des proses proprement dites.

Chap. I. — Vers dactyliques : hexamètre & pentamètre.

Chap. II. — Strophes à vers différents : saphique, asclépiade, asclépiade spondaïque, phérécratienne et alcaïque.

Chap. III. — Strophes homogènes trochaïques.

Chap. IV. — Strophes homogènes iambiques.

Chap. V. — Proses, leur métrique particulière.

Chap. VI. — Proses, strophes les plus usitées.

CHAPITRE PREMIER

HEXAMÈTRES & PENTAMÈTRES

8. Tout le monde connaît la composition du vers *hexamètre* : six pieds dont les quatre premiers dactyles ou spondées (avec la césure requise), le cinquième dactyle et le sixième spondée. Ex. :

Salve, sancta Părens, ēnīxă pŭērpĕră Rēgēm.

A cause de cette liberté de mettre des dactyles ou des spondées aux quatre premiers pieds, le nombre des syllabes peut varier de 13 à 17 dans l'hexamètre, ce qui n'est pas favorable à l'adaptation à une mélodie rythmée. Aussi on ne trouve dans la liturgie qu'une seule pièce rythmée en hexamètres, l'*Alma Redemptoris* :

Almă Rĕdemptōrīs māter, quæ pērvĭă cæli
Porta mănes ēt stēllă măris, succurrĕ cădenti
Sūrgĕrĕ qui curat pŏpŭlo....

On peut citer aussi l'Alleluia de Saint Pierre-ès-liens :

Sōlvĕ, jŭbēntĕ Dĕo, terrarūm, Pētrĕ, cătenas,
Qui făcĭs ūt pătĕant cœlēstĭă regnă bēatis.

9. — Le vers *pentamètre* a, comme on sait, deux hémistiches de deux pieds et demi : au premier hémistiche, deux pieds (dactyle ou spondée) et une longue ; au second, deux dactyles et une syllabe quelconque. Ce vers est toujours précédé d'un hexamètre, et la réunion des deux vers forme un *distique*. La seule pièce liturgique en distiques d'une certaine étendue est le *Gloria laus* des Rameaux :

Glōrĭă, laūs ĕt hŏnōr tĭbĭ sīt, Rēx Chrīstĕ Rĕdēmptŏr
Cūi pŭĕrīlĕ dĕcūs ‖ prōmpsĭt Hŏsānnă pĭūm.

Pour la même raison que le vers hexamètre, le pentamètre ne s'adapte pas facilement à une mélodie rythmée. Voici cependant quelques essais d'adaptation (Mél. Nos 1 à 6).

Nota. Dans tous les exemples de mélodies que nous aurons à donner, la mesure se battra à deux temps si le C est barré (𝄵 = 60).

QUELQUES EXEMPLES

d'Hexamètres et de Distiques liturgiques

HEXAMÈTRES. Verset de l' Alleluia de Saint Pierre-ès-liens, (1 Août)

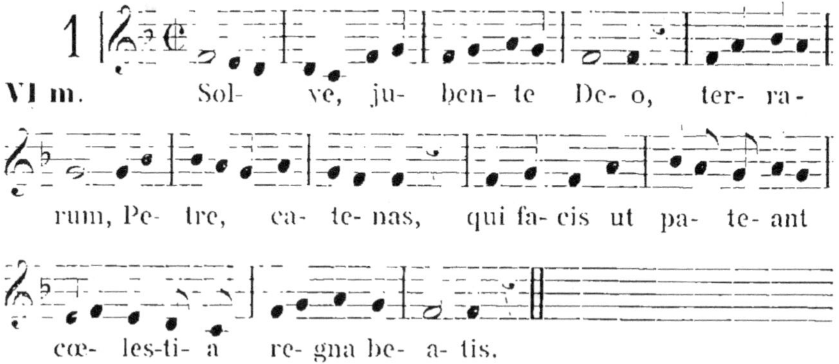
1
VI m. Sol- ve, ju- ben- te De- o, ter- ra-
rum, Pe- tre, ca- te- nas, qui fa- cis ut pa- te- ant
cœ- les-ti- a re- gna be- a- tis.

DISTIQUES. Procession des Rameaux (Refrain et strophe)

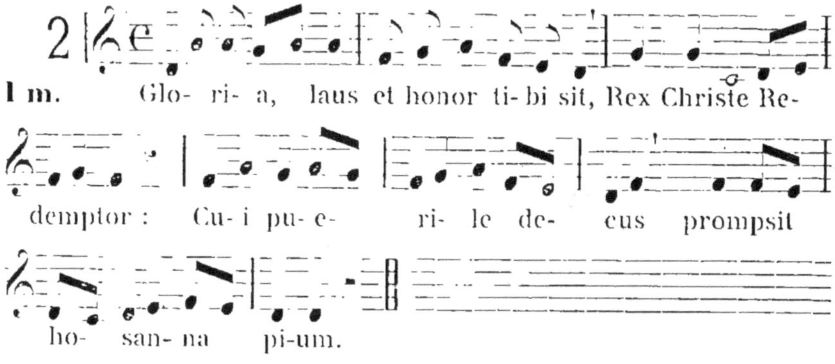
2
I m. Glo- ri- a, laus et honor ti- bi sit, Rex Christe Re-
demptor : Cu- i pu- e- ri- le de- cus prompsit
ho- san- na pi-um.

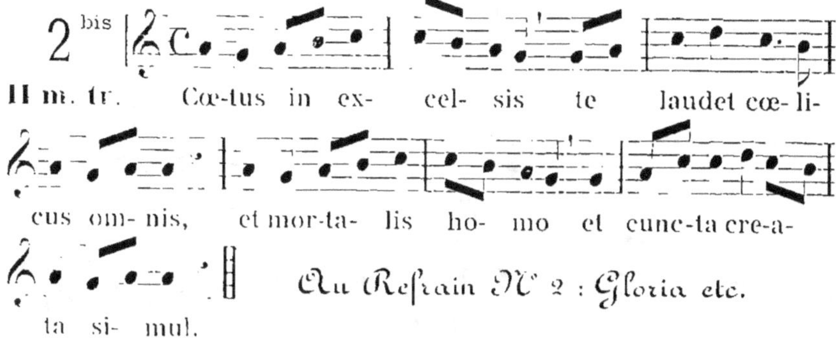
2 bis
II m. tr. Cœ-tus in ex- cel- sis te laudet cœ- li-
cus om- nis, et mor-ta- lis ho- mo et cunc-ta cre-a-
ta si- mul.

Au Refrain N° 2 : Gloria etc.

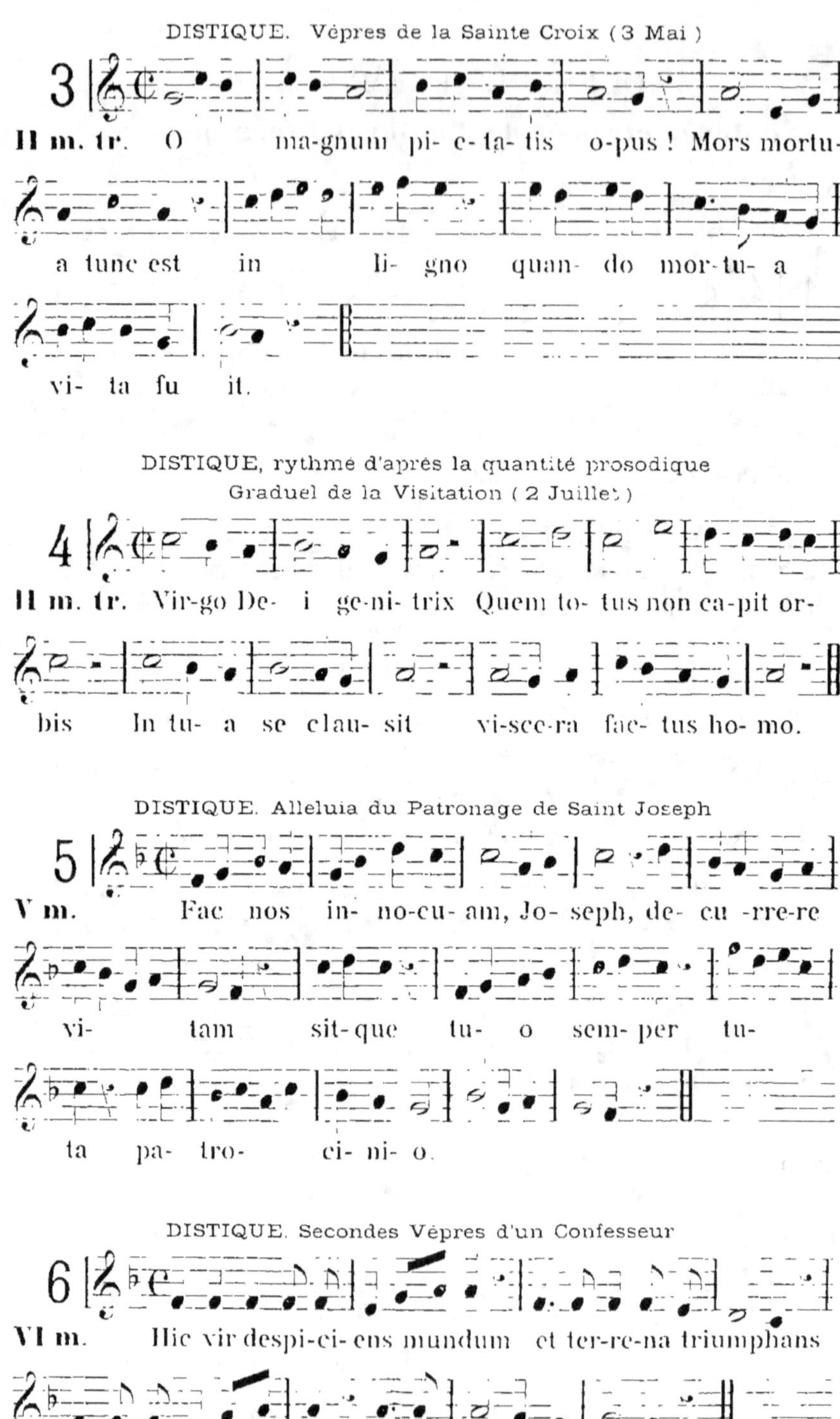
DISTIQUE. Vêpres de la Sainte Croix (3 Mai)
3
II m. tr.
O ma-gnum pi- e- ta- tis o-pus ! Mors mortu-
a tunc est in li- gno quan- do mor-tu- a
vi- ta fu it.
DISTIQUE, rythmé d'après la quantité prosodique
Graduel de la Visitation (2 Juillet)
4
II m. tr.
Vir-go De- i ge-ni- trix Quem to- tus non ca-pit or-
bis In tu- a se clau- sit vi-sce-ra fac- tus ho- mo.
DISTIQUE. Alleluia du Patronage de Saint Joseph
5
V m.
Fac nos in- no-cu- am, Jo- seph, de- cu -rre-re
vi- tam sit-que tu- o sem- per tu-
ta pa- tro- ci- ni- o.
DISTIQUE. Secondes Vêpres d'un Confesseur
6
VI m.
Hic vir despi-ci-ens mundum et ter-re-na triumphans
di- vi- ti-as cœ- lo con-di- dit o- re ma-nu.

CHAPITRE DEUXIÈME

STROPHES A VERS DIFFÉRENTS :

SAPHIQUE, — ASCLÉPIADE, PHÉRÉCRATIENNE, ALCAIQUE.

10.— Sur chacune de ces strophes nous dirons brièvement de quels vers elles se composent, et de quels éléments se composent à leur tour ces vers, avec les remarques que peut suggérer une bonne adaption de la mélodie au texte ou réciproquement. Ensuite nous donnerons, en suivant l'ordre des huit modes du plain-chant, des modèles choisis de chacune des strophes étudiées.

1º Strophe Saphique.

11.— La Strophe Saphique se compose de trois vers saphiques et d'un adonique.

Le vers *saphique* a cinq pieds : un dactyle entre deux dipodies composées d'un trochée et d'un spondée. Il faut toujours que la longue du dactyle finisse un mot, à cause de la césure.

Le vers *adonique* se compose d'un dactyle et d'un spondée (ce sont les deux derniers pieds de l'hexamètre). La strophe Saphique présente donc la disposition suivante:

3 fois : | – ◡ | – – | –' ◡ ◡ | – ◡ | – ⏓ |

1 fois : | – ◡ ◡ | – ⏓ |

Toutes les mélodies pour les strophes saphiques (sauf le 1er vers du No 9) peuvent se rythmer ainsi :

3 fois :

1 fois :

12.— Il va de soi qu'une hymne quelconque en strophes saphiques peut se chanter sur un air quelconque de ceux qui sont donnés aux numéros 7 à 18 qui suivent.

Ce que nous disons ici des mélodies destinées à des strophes saphiques, s'applique respectivement aux mélodies des strophes asclépiades, trochaïques, iambiques, etc.. et c'est là un élément de variété dont on peut très avantageusement se servir quand on a à célébrer une même fête plusieurs jours de suite. (Par exemple pour les hymnes-proses *Verbum supernum* et *Sacris solemniis* pendant l'Octave du Saint-Sacrement, etc.)

MÉLODIES POUR LA STROPHE SAPHIQUE

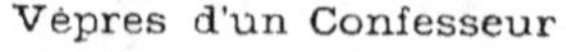

Vêpres d'un Confesseur

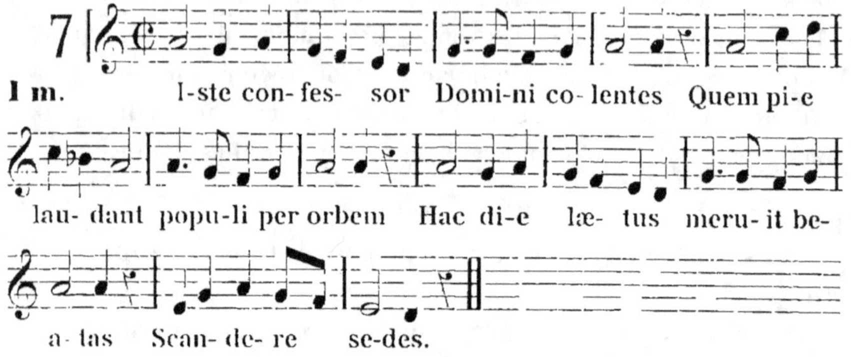
7
I m.
I-ste con- fes- sor Domi-ni co- lentes Quem pi-e
lau- dant popu-li per orbem Hac di-e læ- tus meru- it be-
a- tas Scan- de- re se-des.

Hymne de N. D. Auxiliatrice (24 mai)

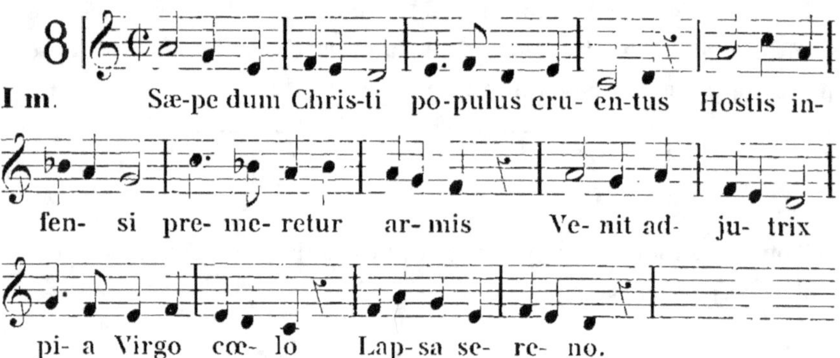
8
I m.
Sæ-pe dum Chris-ti po-pulus cru- en-tus Hostis in-
fen- si pre- me- retur ar- mis Ve- nit ad- ju- trix
pi- a Virgo cœ- lo Lap-sa se- re- no.

Hymne de Saint Jean Baptiste (24 juin)

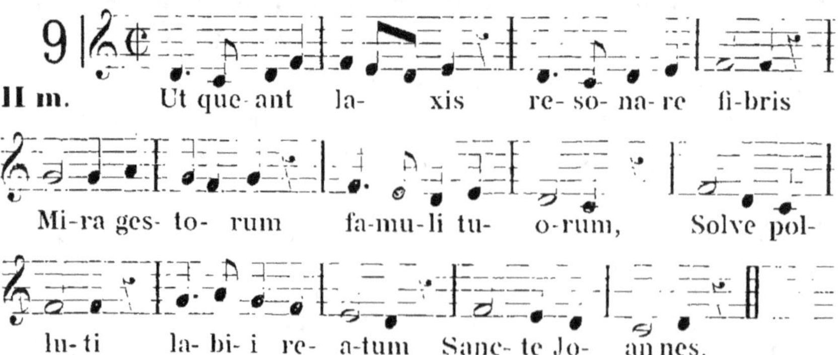
9
II m.
Ut que-ant la- xis re- so- na- re fi-bris
Mi-ra ges- to- rum famu-li tu- o-rum, Solve pol-
lu-ti la- bi- i re- a-tum Sanc- te Jo- an nes.

Autre mélodie d'où auraient été tirées les notes de la gamme : ut, ré, mi, fa, sol, la, si; (SI est formé des initiales de Sancte Ioannes)

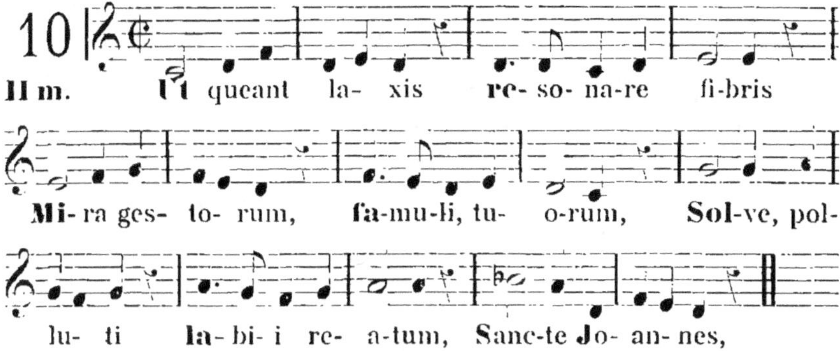
10
II m.
Ut queant la- xis re- so- na-re fi-bris
Mi- ra ges- to- rum, fa-mu-li, tu- o-rum, Sol-ve, pol-
lu- ti la- bi- i re- a-tum, Sanc-te Jo- an- nes,

Hymne des Vêpres du Saint-Suaire. (Deuxième vendredi de Carême)

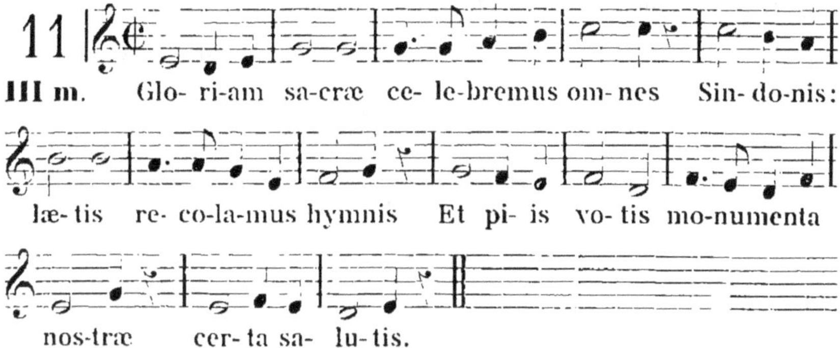
11
III m.
Glo- ri-am sa-cræ ce- le-bremus om- nes Sin- do-nis:
læ-tis re- co-la-mus hymnis Et pi- is vo- tis mo-numenta
nos-træ cer- ta sa- lu- tis.

On voit, à **Sindonis lætis**, mots unis par la mélodie quoique séparés par le sens, un exemple de ces *rejets* si regrettables et cependant trop fréquents dans les hymnes.

La même, autre mélodie.

12

IV m.

Glo-ri-am sacræ ce- le-bremus omnes Sin-donis :

læ- tis re-co-lamus hymnis Et pi- is vo- tis mo-numenta

nostræ certa sa- lu- tis.

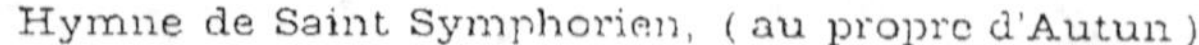

Hymne de Saint Symphorien, (au propre d'Autun)

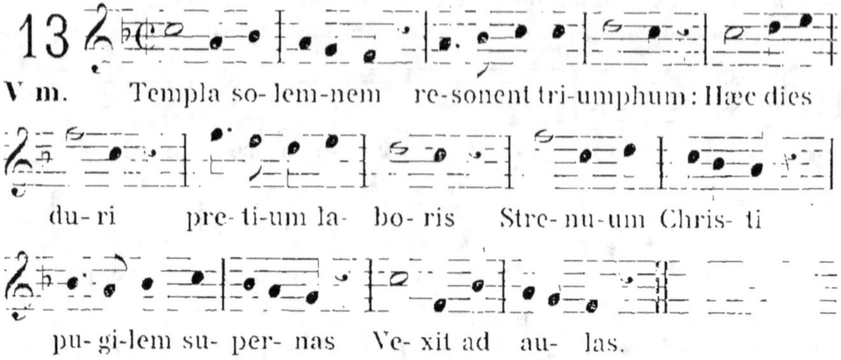
13
V m.
Templa so- lem-nem re-sonent tri-umphum : Hæc dies
du- ri pre- ti-um la- bo- ris Stre- nu-um Chris- ti
pu- gi-lem su- per- nas Ve- xit ad au- las.

Hymne des Confesseurs.

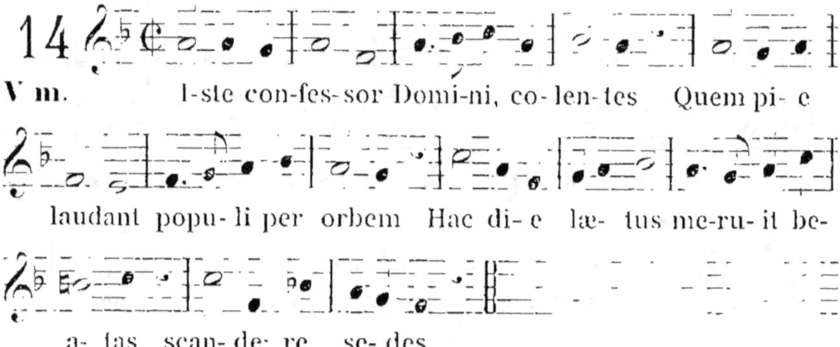
14
V m.
I-ste con-fes-sor Domi-ni, co- len-tes Quem pi- e
laudant popu- li per orbem Hac di- e læ- tus me-ru- it be-
a- tas scan- de- re se- des.

La même, autre mélodie.

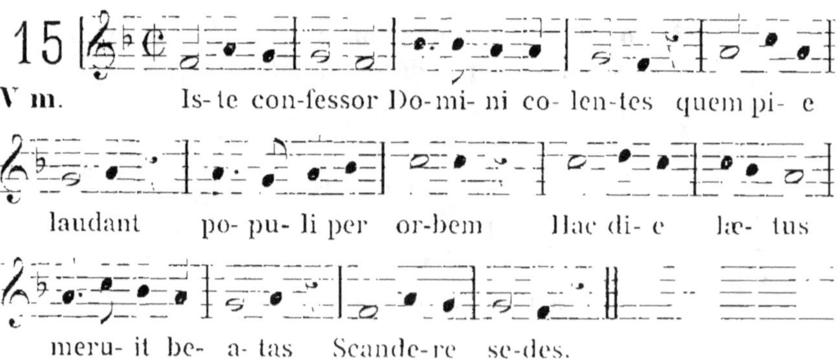
15
V m.
Is- te con-fessor Do-mi- ni co- len-tes quem pi- e
laudant po- pu- li per or-bem Hac di- e læ- tus
meru- it be- a- tas Scande-re se-des.

II Vêpres de Saint Vincent de Paul (rit parisien & propres divers)

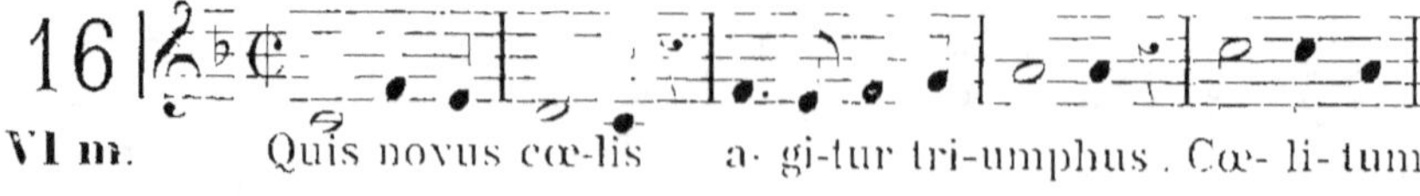
16
VI m.
Quis novus cœ-lis a- gi-tur tri-umphus . Cœ- li- tum

2°. Dans l'hymne *Patroni memores* (n° 25) les quatre dernières mesures sont réduites à deux dans l'antiphonaire, mais à tort, à notre avis. En effet, dans *toutes* les autres mélodies asclépiades, ces 4 mesures existent et sont du reste réclamées par la composition du vers glyconique.

QUELQUES MÉLODIES POUR LA STROPHE ASCLÉPIADE

I Vêpres de Saint Vincent de Paul (propres divers , 19 Juillet)

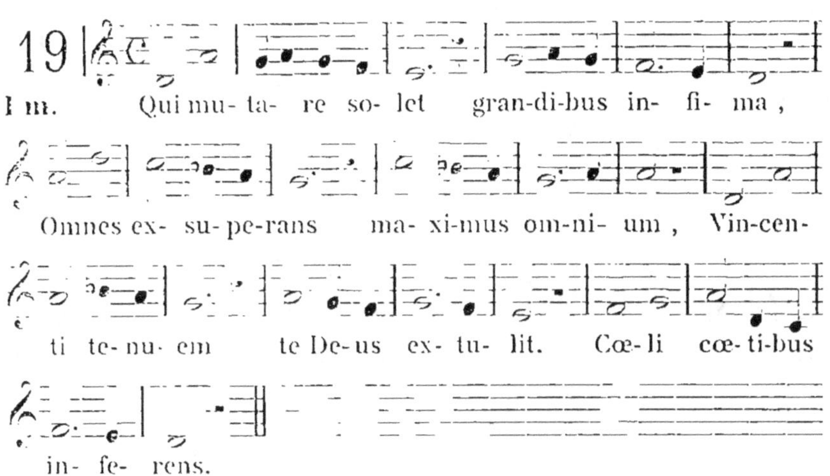
19
I m.
Qui mu- ta- re so- let gran-di-bus in- fi- ma ,
Omnes ex- su- pe-rans ma- xi-mus om-ni- um , Vin-cen-
ti te- nu- em te De-us ex- tu- lit. Cœ-li cœ- ti-bus
in- fe- rens.

Hymne de Saint Joseph (19 Mars)

avec le rythme plus prosodique que musical

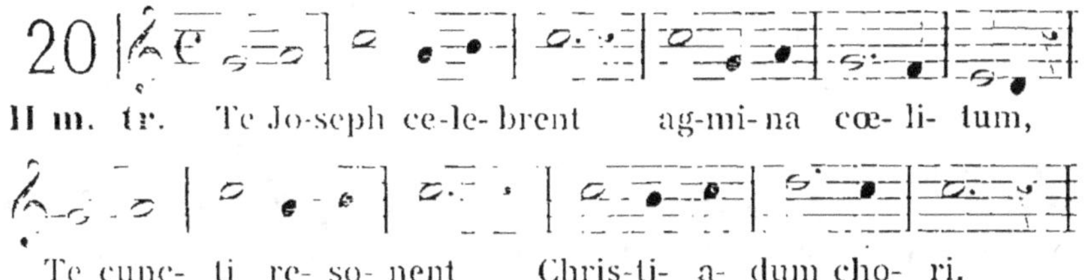
20
II m. tr.
Te Jo-seph ce-le-brent ag-mi-na cœ- li- tum,
Te cunc- ti re- so- nent Chris-ti- a- dum cho- ri,

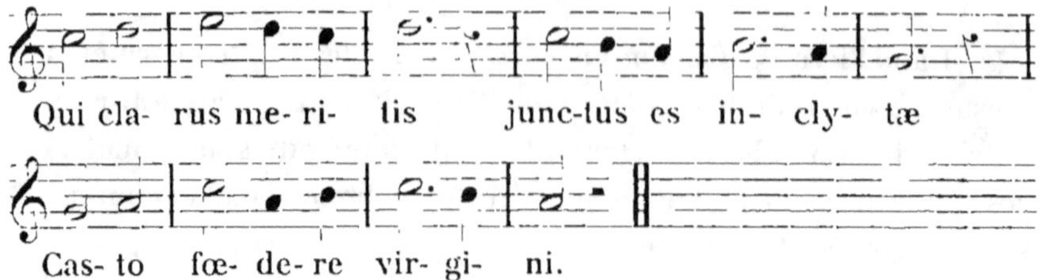
Qui cla- rus me- ri- tis junc-tus es in- cly- tæ
Cas- to fœ- de- re vir- gi- ni.

La même avec le rythme plus musical que prosodique

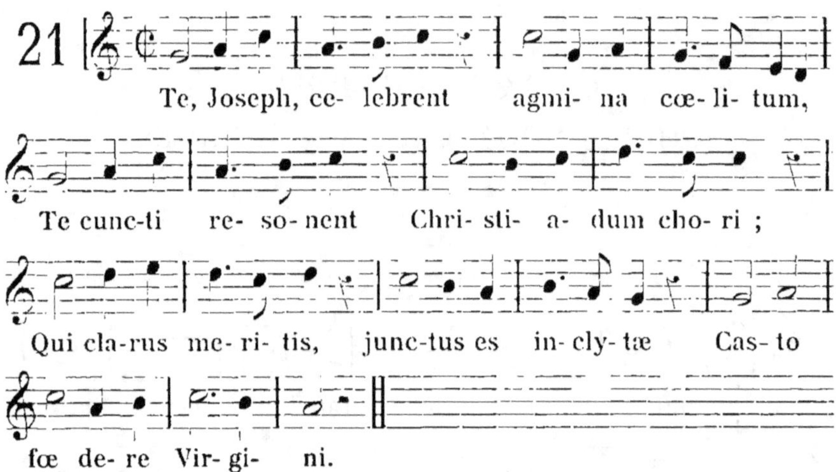
21
Te, Joseph, ce- lebrent agmi- na cœ- li- tum,
Te cunc-ti re- so- nent Chri- sti- a- dum cho- ri ;
Qui cla-rus me- ri- tis, junc-tus es in- cly- tæ Cas- to
fœ de- re Vir- gi- ni.

Hymne de Saint Marcel de Chalon (propre d'Autun, 4 Septembre)

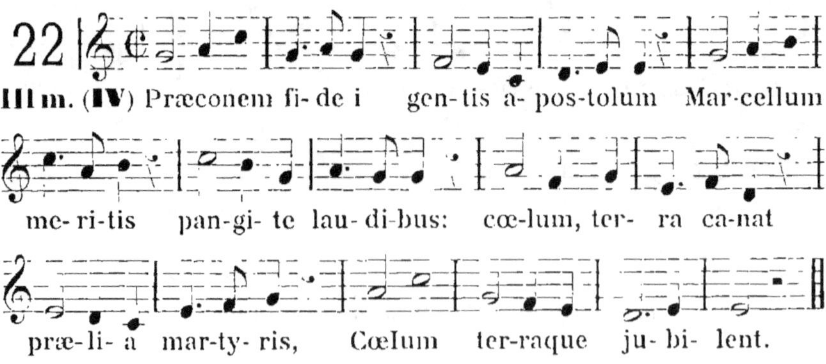
22
III m. (IV) Præconem fi- de i gen- tis a- pos-tolum Mar-cellum
me- ri-tis pan-gi- te lau- di-bus: cœ-lum, ter- ra ca-nat
præ-li- a mar-ty- ris, Cœlum ter-raque ju- bi- lent.

Hymne du Martyre de Saint Lazare (propre d'Autun, 17 Décembre)

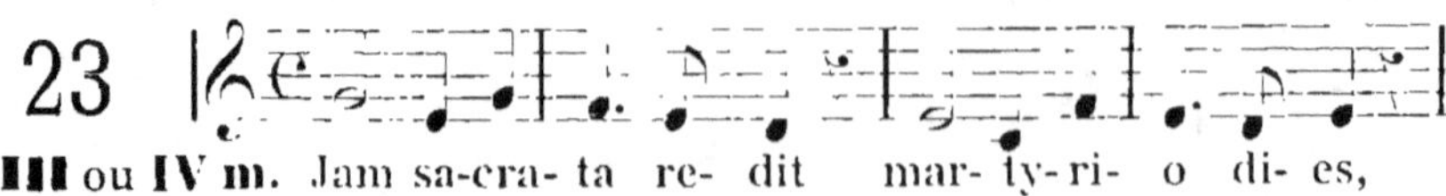
23
III ou IV m. Jam sa-cra- ta re- dit mar- ty-ri- o di- es,

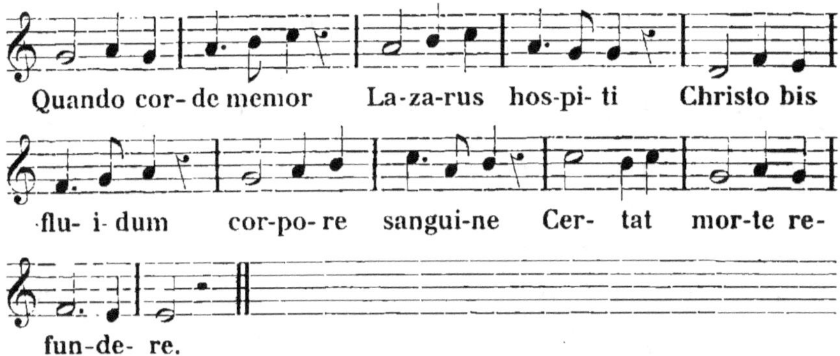
Quando cor- de memor La-za-rus hos-pi- ti Christo bis
·flu- i- dum cor-po- re sangui-ne Cer- tat mor-te re-
fun-de- re.

La mélodie 24, tirée de la précédente, montre combien le IVe ton est ici près du Ve, puisque la finale seule les distingue.

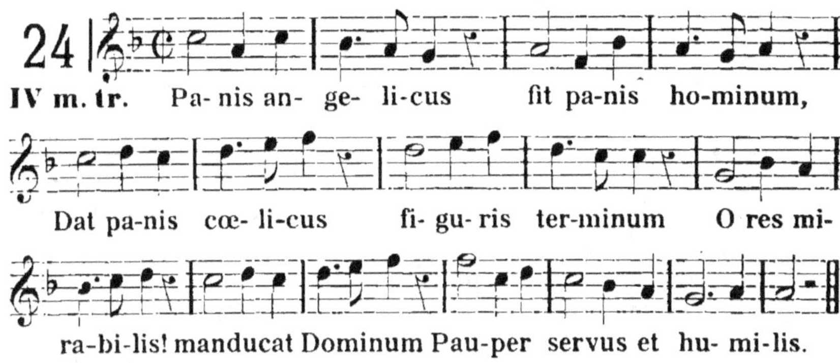
24
IV m. tr. Pa- nis an- ge- li-cus fit pa-nis ho-minum,
Dat pa-nis cœ- li-cus fi- gu- ris ter-minum O res mi-
ra-bi-lis! manducat Dominum Pau-per servus et hu- mi-lis.

II Vêpres de Saint Lazare. (1 Septembre)

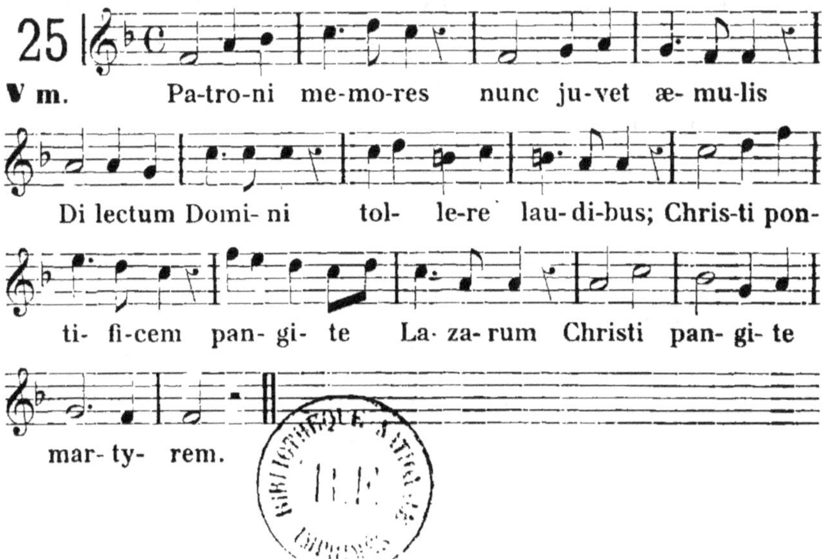
25
V m. Pa-tro-ni me-mo-res nunc ju-vet æ- mu-lis
Di lectum Domi- ni tol- le-re lau-di-bus; Chris-ti pon-
ti- fi-cem pan- gi- te La- za- rum Christi pan- gi- te
mar- ty- rem.

Mélodie usitée en plusieurs diocèses pour *Panis angelicus.*

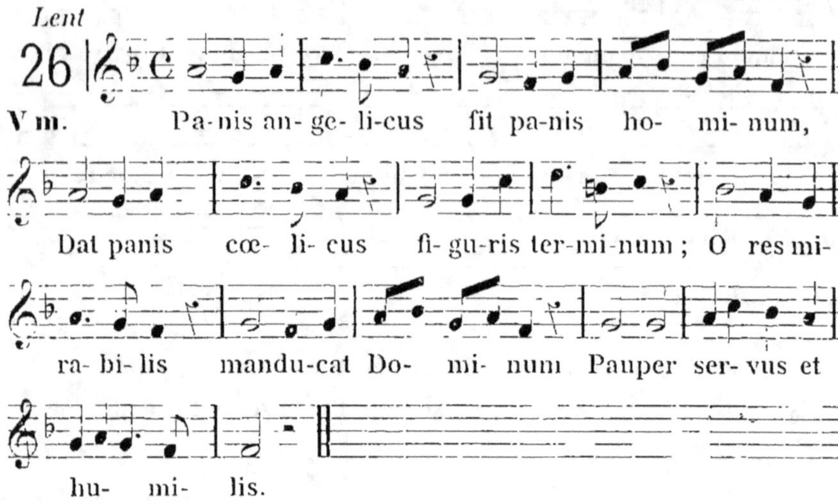
Lent
26
V m.
Pa-nis an- ge- li-cus fit pa-nis ho- mi- num,
Dat panis cœ- li- cus fi- gu-ris ter-mi-num ; O res mi-
ra- bi- lis manducat Do- mi- num Pauper ser- vus et
hu- mi- lis.

Autre mélodie asclépiade usitée en quelques églises

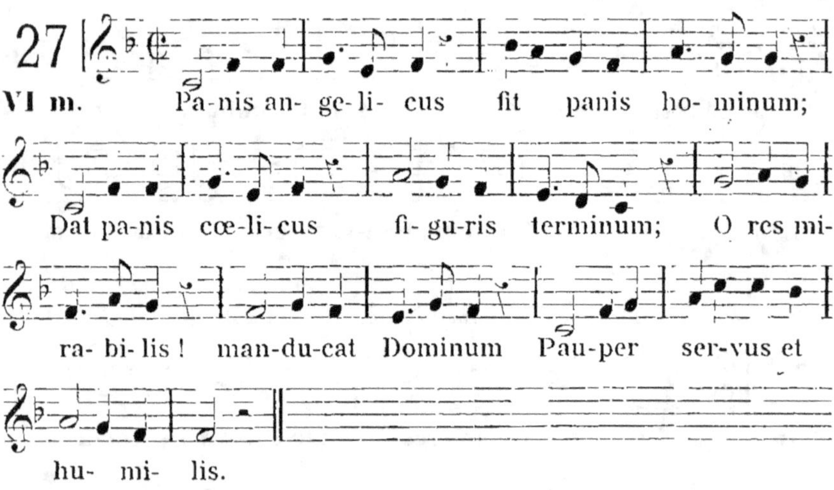
27
VI m.
Pa-nis an- ge- li- cus fit panis ho- minum;
Dat pa-nis cœ-li- cus fi- gu-ris terminum; O res mi-
ra- bi- lis ! man-du-cat Dominum Pau-per ser-vus et
hu- mi- lis.

3° Strophe phérécratienne

16 —. La strophe Phérécratienne n'est pas autre chose que la strophe asclépiade dans laquelle le troisième vers asclépiade est remplacé par un vers *phérécratien*. Ce vers se compose du premier hémistiche de l'asclépiade auquel on ajoute une longue, (ce qui fait un dactyle entre deux spondées).

Voici le tableau complet de cette strophe :

1. asclépiade : — — ᴗ ᴗ | ᴗ ᴗ ᴗ ᴗ
2. asclépiade : — — — ᴗ ᴗ | ᴗ ᴗ , — ᴗ ᴗ |
3. phérécratien : — — ᴗ ᴗ —
4. glyconique : — | ᴗ ᴗ — ᴗ ᴗ |

Ce rythme est rare dans la liturgie : on n'en trouve qu'un exemple dans le bréviaire romain, pour la fête de S. Herménégild (13 avril). Mais il y en a quelques autres dans les divers Propres diocésains, notamment l'hymne de la Toussaint dans l'ancien rit parisien, et l'hymne que l'on chante pour la rénovation des promesses cléricales, à la fête de la Présentation de la Ste Vierge.

Le bréviaire d'Autun renferme également une belle hymne de de ce mètre, que nous donnons au No 29.

DEUX MÉLODIES

POUR LA STROPHE PHÉRÉCRATIENNE

Hymne de la Présentation au rit parisien: *Quam pulchre graditur*

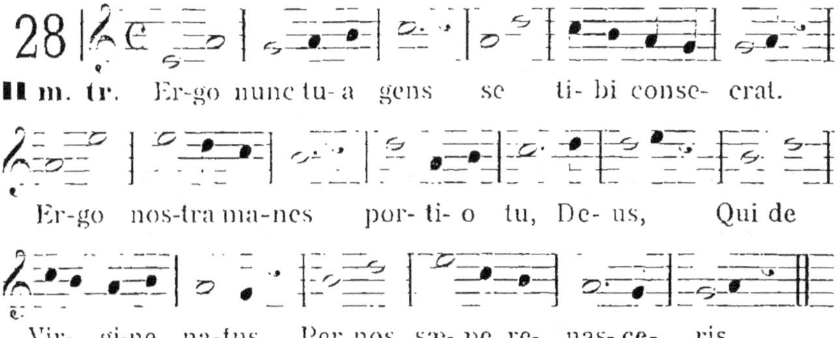
28
II m. tr. Er-go nunc tu- a gens se ti- bi conse- crat.
Er-go nos-tra ma-nes por- ti- o tu, De- us, Qui de
Vir- gi-ne na-tus, Per nos sæ- pe re- nas- ce- ris.

Hymne des saints Évêques d'Autun . II Vêpres de la Toussaint
au rit parisien

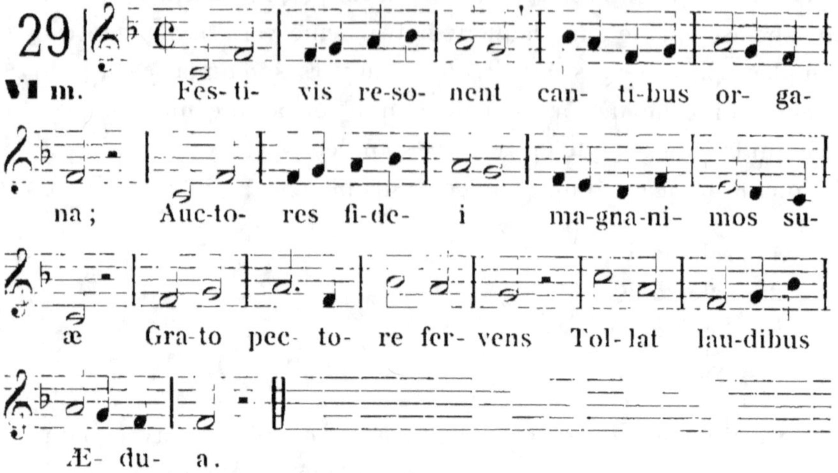
29
VI m.
Fes- ti- vis re-so- nent can- ti-bus or- ga-
na ; Auc-to- res fi-de- i ma-gna-ni- mos su-
æ Gra-to pec- to- re fer- vens Tol- lat lau-dibus
Æ- du- a.

17—. *STROPHE ASCLÉPIADE SPONDAIQUE*

On trouve dans le bréviaire parisien une seule hymne, celle de l'Assomption, en strophes de *quatre* vers *asclépiades spondaïques*, c'est à dire dont le dernier pied est un spondée au lieu d'être un dactyle :

Ō vōs æthĕrĕī ‖ plaudĭtĕ cīvēs, *etc.*

Voici une mélodie en musique moderne pour ce rythme très spécial :

Hymne de l'Assomption, au rit parisien

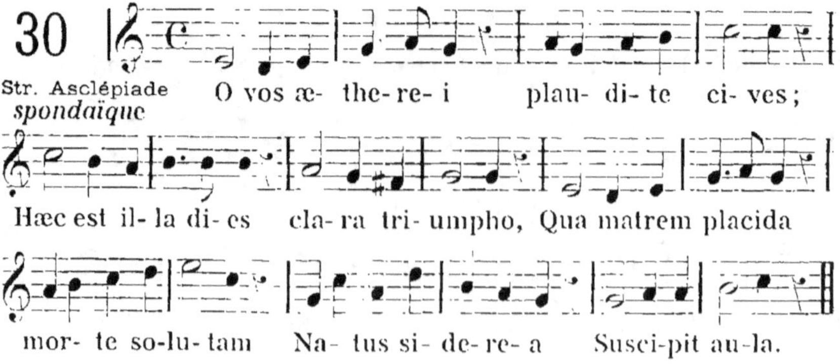
30
Str. Asclépiade
spondaïque
O vos æ- the- re- i plau- di- te ci- ves ;
Hæc est il- la di- es cla- ra tri- umpho, Qua matrem placida
mor- te so-lu- tam Na- tus si- de- re- a Susci-pit au-la.

4° STROPHE ALCAIQUE

18—. La strophe alcaïque est au moins aussi rare que la strophe phérécratienne dans la liturgie: il n'y en a même pas un seul exemple dans le bréviaire romain. Mais nous en trouvons sept ou huit dans l'ancien bréviaire de Paris * et deux dans le propre d'Autun. (Voir les mèlodies Nos 31. 32 et 33.)

Voici le tableau de cette strophe assez compliquée :

1. un alcaïque ⏓ – | ⏑ – | – | – ⏑ ⏑ | – ⏑ ⏑
2. un alcaïque ⏓ – | ⏑ | – | – ⏑ ⏑ | – ⏑ ⏑
3. un iambique dim. hyper. ⏑ – | ⏑ | ⏓ – | ⏑ – | –
4. un dactylo-trochaïque – ⏑ ⏑ | – ⏑ ⏑ | – ⏑ | – ⏑

Nota.— Rien n'est prescrit au point de vue *prosodique*, pour la coupe des deux derniers vers; mais au point de vue *mélodique*, il est extrêmement désirable qu'il y ait un repos après la cinquième syllabe dans le vers iambique ci-dessus et après la quatrième dans le vers dactylo-trochaïque. La première strophe d'une hymne de S. Vincent de Paul, que nous donnons au No 32, manque à cette règle et l'on voit la gène qui en résulte pour la mélodie; mais les *huit autres* strophes la suivent exactement.

MÉLODIES
POUR LA STROPHE ALCAIQUE

Doxologie de rythme alcaïque

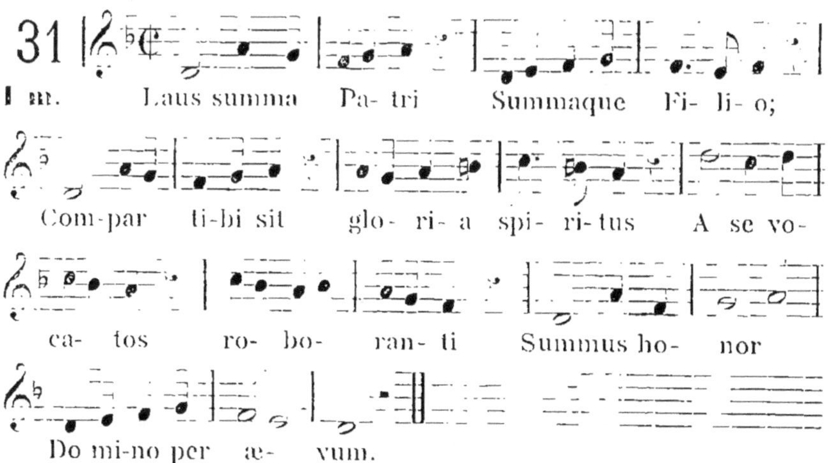
31
I m.
Laus summa Pa- tri Summaque Fi- li- o;
Com-par ti-bi sit glo- ri- a spi- ri- tus A se vo-
ca- tos ro- bo- ran- ti Summus ho- nor
Do mi-no per æ- vum.

* Aux fetes de Sainte Geneviève, de la Présentation de N. S. (2 fév.), de Sainte Madeleine, de la Sainte Croix, de la Sainte Couronne, de la Nativité de la Sainte Vierge, et de Saint Denys.

Hymne de S. Vincent de Paul, à Matines (propres divers)

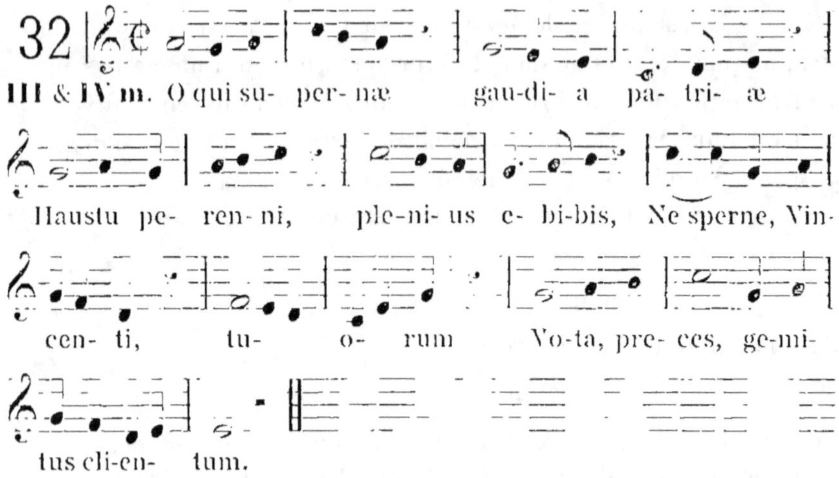
32
III & IV m. O qui su- per- næ gau-di- a pa- tri- æ
Haustu pe- ren- ni, ple-ni- us e- bi-bis, Ne sperne, Vin-
cen- ti, tu- o- rum Vo-ta, pre- ces, ge-mi-
tus cli-en- tum.

Hymne de S. Lazare, à Laudes (propre d'Autun)

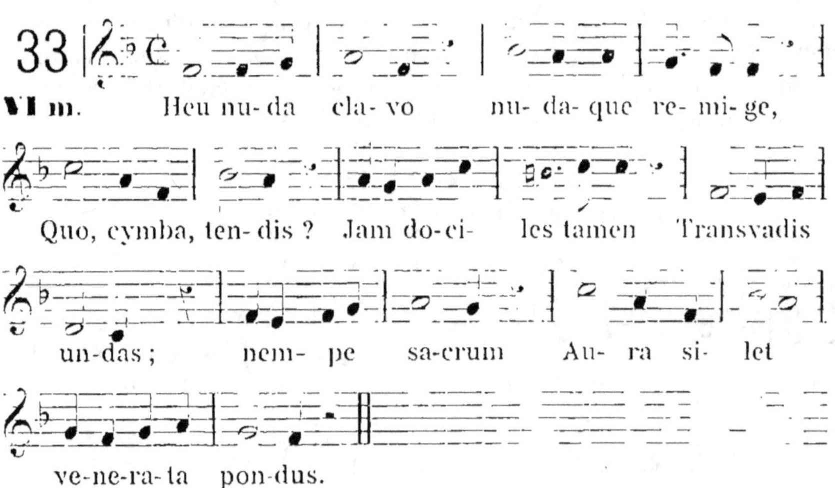
33
VI m. Heu nu-da cla- vo nu- da- que re- mi- ge,
Quo, cymba, ten- dis ? Jam do-ci- les tamen Transvadis
un-das ; nem- pe sa-crum Au- ra si- let
ve-ne-ra- ta pon-dus.

CHAPITRE TROISIÈME

STROPHES HOMOGÈNES TROCHAIQUES

19—. Les vers trochaïques peuvent être composés uniquement de trochées (une longue et une brève) mais ils admettent très bien le spondée aux pieds de nombre *pair* 2, 4, 6.

Le seul vers trochaïque qui soit usité dans la liturgie est le *tétramètre catalectique* qui se compose de 4 dipodies ou 8 pieds dont le dernier est écourté d'une syllabe.

– ∪ | – ⏔ | – ∪ | – ⏔ | – ∪ | – ∪ | – ∪ | ∪

20—. Comme ce vers est assez long, on a l'habitude de le dédoubler en le partageant après le 4e pied, où se trouve la césure. Il donne ainsi deux vers prosodiques, l'un de 8 et l'autre de 7 syllabes, analogue aux vers syllabiques de 8 et de 7 syllabes si usités dans les Proses dont nous aurons à parler plus loin. (Voir no 44, 1o)

Voici un exemple de strophe trochaïque qui constitue le refrain *Pange lingua... lauream* dans l'Office du Vendredi-Saint.

Crux fidelis, inter omnes
Arbor una nobilis :
Silva talem nulla profert
Fronde, flore, germine :
Dulce ferrum, dulce lignum,
Dulce pondus sustinent.

La strophe trochaïque est homogène, c. à d. ne se compose que de vers trochaïques. Ils sont ordinairement au nombre de *six* (3 dédoublés), comme celle que nous venons de donner. (Voir mélodies Nos 34 à 38 inclusivement).

21—. **Différence essentielle entre le rythme trochaïque et le rythme iambique.**—

A la strophe trochaïque ressemble assez, à première vue, la strophe de six vers iambiques dont nous parlons plus loin. (Voir No **24**, 1o); mais il y a entre les deux une différence rythmique *essentielle* .

Dans la strophe trochaïque, les syllabes impaires sont *longues* et doivent porter sur les temps forts de la mélodie; dans la strophe iambique, au contraire, les syllabes impaires sont *brèves*, ou en elles-mêmes ou au point de vue du rythme. Une mélodie ne peut donc pas du tout s'appliquer indifféremment à l'une ou à l'autre de ces deux strophes : dans un des deux cas l'accentuation mélodique serait absolument fautive.

QUELQUES MÉLODIES
POUR LA STROPHE TROCHAIQUE

Ce *Pange lingua* de la Passion, qu'il ne faut pas confondre avec celui du St Sacrement, est bien en vers trochaïques *prosodiques.*

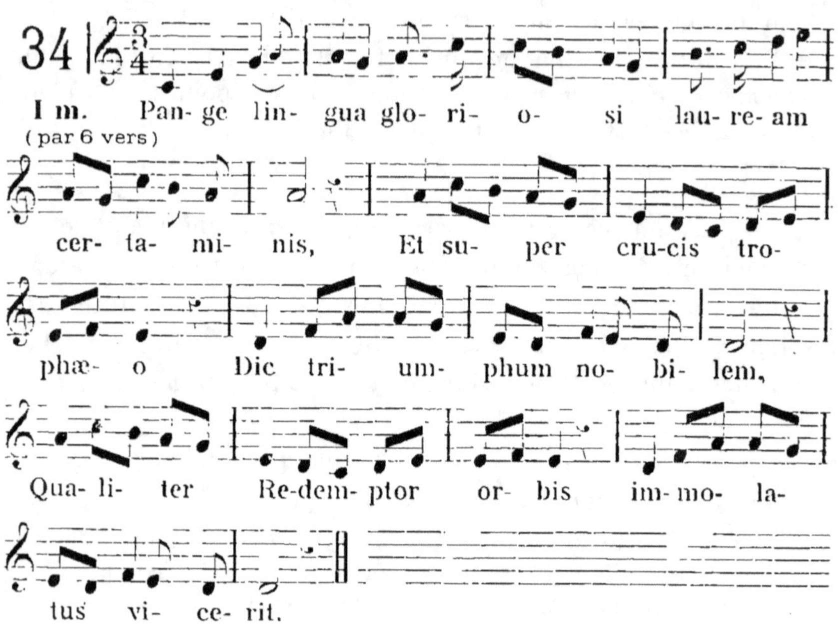
34
I m.
(par 6 vers)
Pan- ge lin- gua glo- ri- o- si lau- re- am
cer- ta- mi- nis, Et su- per cru-cis tro-
phæ- o Dic tri- um- phum no- bi- lem,
Qua- li- ter Re-dem- ptor or- bis im- mo- la-
tus vi- ce- rit.

Hymne de N, D. des Sept-Douleurs, de l'Antiphonaire, (transposée)

C'est aussi la mélodie de l'hymne de Saint Raphael. (24 Octobre)

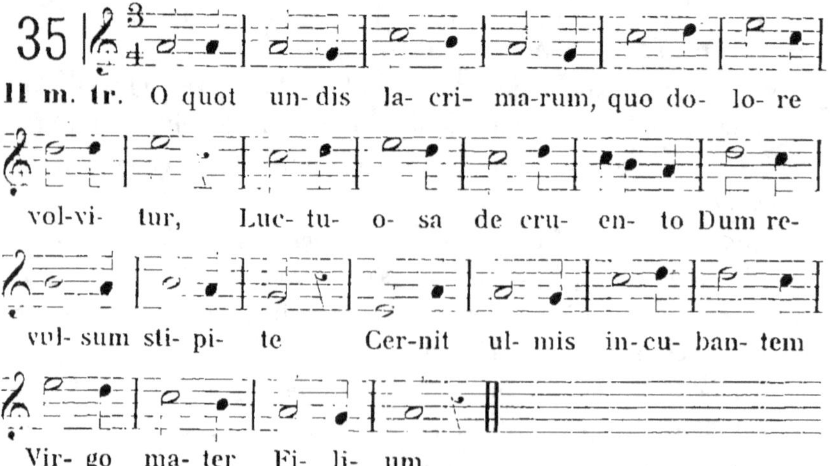
35
II m. tr.
O quot un- dis la- cri- ma-rum, quo do- lo- re
vol-vi- tur, Luc- tu- o- sa de cru- en- to Dum re-
vul- sum sti- pi- te Cer-nit ul- mis in-cu- ban- tem
Vir- go ma- ter Fi- li- um,

Hymne *non prosodique* en vers pseudo-trochaïques de 8 et de 7 syllabes alternant.

36

III m.

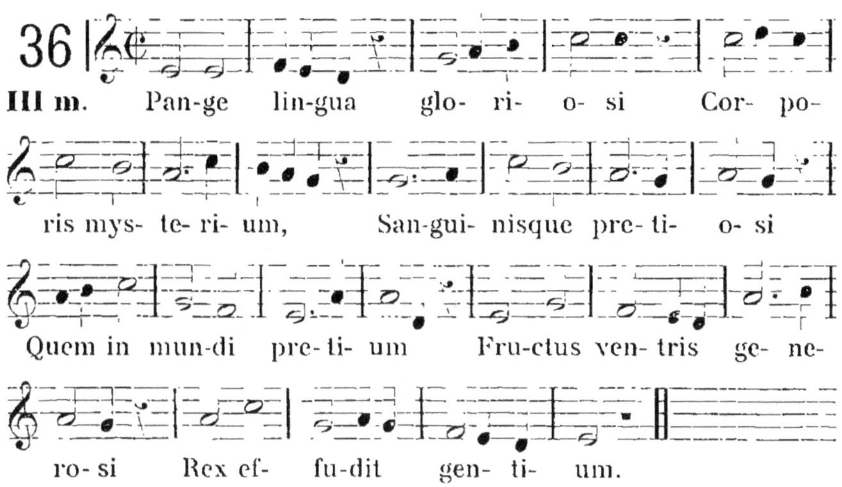
Pan-ge lin-gua glo- ri- o- si Cor- po-
ris mys- te- ri- um, San-gui- nisque pre- ti- o- si
Quem in mun-di pre- ti- um Fru-ctus ven- tris ge- ne-
ro- si Rex ef- fu-dit gen- ti- um.

La même du V mode.

37

V m.

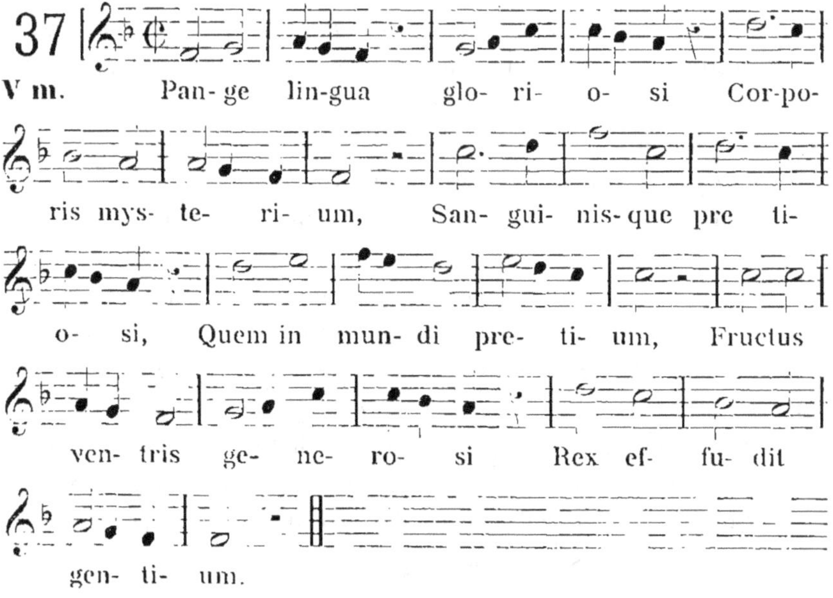
Pan- ge lin-gua glo- ri- o- si Cor-po-
ris mys- te- ri- um, San- gui- nis- que pre ti-
o- si, Quem in mun- di pre- ti- um, Fructus
ven- tris ge- ne- ro- si Rex ef- fu- dit
gen- ti- um.

Hymne de la Dédicace, au rit parisien.

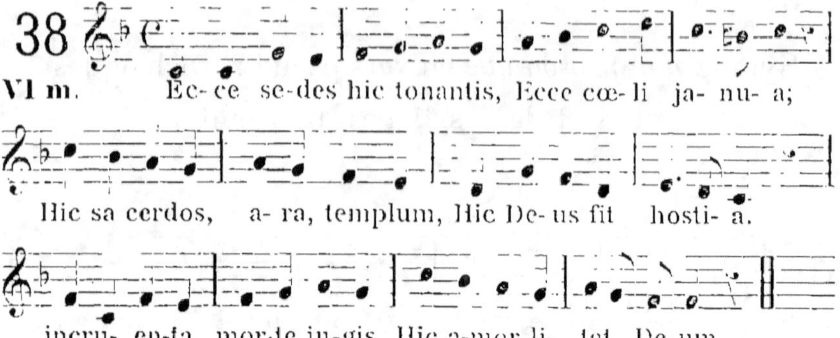
38
VI m.
Ec-ce se-des hic tonantis, Ecce cœ-li ja- nu- a;
Hic sa cerdos, a- ra, templum, Hic De- us fit hosti- a.
incru- en-ta mor-te ju-gis Hic a-mor li- tat De-um.

CHAPITRE QUATRIÈME

STROPHES IAMBIQUES

22.— Les vers iambiques peuvent être composés uniquement d'*iambes* (une brève suivie d'une longue), mais ils admettent très bien aussi le spondée aux pieds de nombre *impair* 1, 3, 5, 7.

Les vers iambiques les seuls usités dans la liturgie sont l'iambique *trimètre* ou *sénaire* et l'iambique *dimètre* ou *quaternaire*.

Voici leur notation prosodique :

Sénaire : ⏓ – | ⏑ – | ⏓ – | ⏑ – | ⏓ – | ⏑ – |

Quaternaire : ⏓ – | ⏑ – | ⏓ – | ⏑ ⏓

23.— Les iambiques *trimètres ou sénaires*, ou *grands iambiques*, forment des strophes homogènes de 4 ou 5 vers et ne se trouvent que dans les hymnes de diverses fêtes des apôtres S. Pierre et S. Paul, savoir :

Strophes de 4 vers	SS. Pierre & Paul, 29 Juin. (Mél. 40 et 41) Conversion de S. Paul, 25 Janvier. (Mél. 39)
Strophes de 5 vers	S. Pierre-ès-liens, 1 Août. (Mél. 42) Chaire de S. Pierre, 18 Janvier. (Mél. 43)

Ces trois dernières hymnes n'ont qu'une seule strophe avant la doxologie, et la coupe de leur premier vers est défectueuse. Le premier vers de l'hymne de la Conversion de S. Paul est même absolument faux : il a 13 syllabes au lieu de 12, et Egregiè a deux brèves de suite, ce qui ne peut jamais se trouver dans un vers iambique, sauf au dernier pied. Il faudrait donc écrire :

O Sănctĕ Doctŏr Paulĕ. . . .

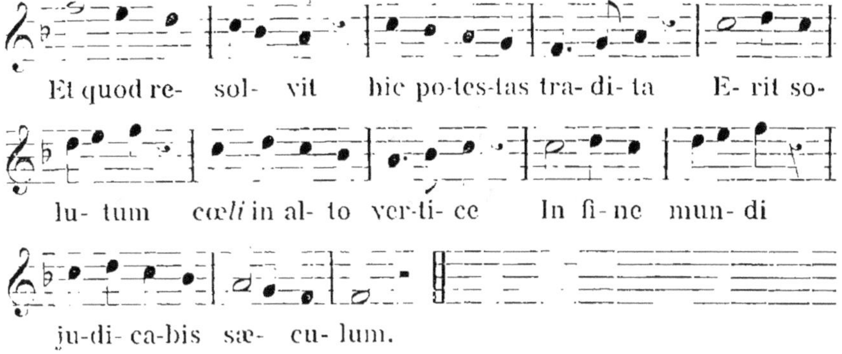
Et quod re- sol- vit hic po-tes-tas tra- di- ta E- rit so-
lu- tum cœli in al- to ver-ti- ce In fi- ne mun- di
ju-di- ca-bis sæ- cu- lum.

PETITS IAMBIQUES (Dimètres ou quaternaires)

24.— Les vers iambiques *dimètres* ou *quaternaires*, ou plus simplement encore les petits iambiques forment des strophes de 6 vers et de 4 vers.

1°. Petite strophe iambique de *six vers.* Elle ne se trouve que dans une seule hymne, celle de la Dédicace; mais nous donnons pour cette hymne trois mélodies différentes, chacune avec deux rythmes : ternaire aux Nos 44, 46, 48 et quaternaire aux Nos 45, 47,49. C'est afin de montrer comment on peut souvent, quoique pas toujours, modifier le rythme sans changer très sensiblement la mélodie.

2° Petite strophe iambique de *quatre vers.* Elle se trouve dans un très grand nombre d'hymnes : c'est de beaucoup la plus fréquente dans la liturgie, aussi pour cette seule strophe avons-nous donné 30 mélodies différentes (Nos 50 à 80).

25.— Parmi ces mélodies, les unes commencent au premier temps de la mesure, les autres au temps faible précédent. Celà s'explique très bien : la première syllabe d'un vers iambique étant *brève* (ou tenant la place d'une brève dans le spondée facultatif) on peut la placer sur un temps faible; mais on peut aussi la placer au premier temps, surtout dans la mesure ternaire, parceque le second temps qui doit porter la seconde syllabe (longue) est aussi un temps fort dans cette mesure (Voir le No 4).

Il va de soi que cette première syllabe (brève ou équivalant à une brève) ne doit pas porter sur deux et même trois temps, comme le fait par exemple l'hymne de l'Avent dans la notation de l'Antiphonaire, qui est évidemment fautive et que nous avons corrigée au No 62.

MÉLODIES

POUR LA PETITE STROPHE IAMBIQUE (DIMÈTRE)

1° *PAR 6 VERS*

Hymne de la Dédicace du Rythme *ternaire* qui est remplacé au N° suivant par le rythme *quaternaire.*

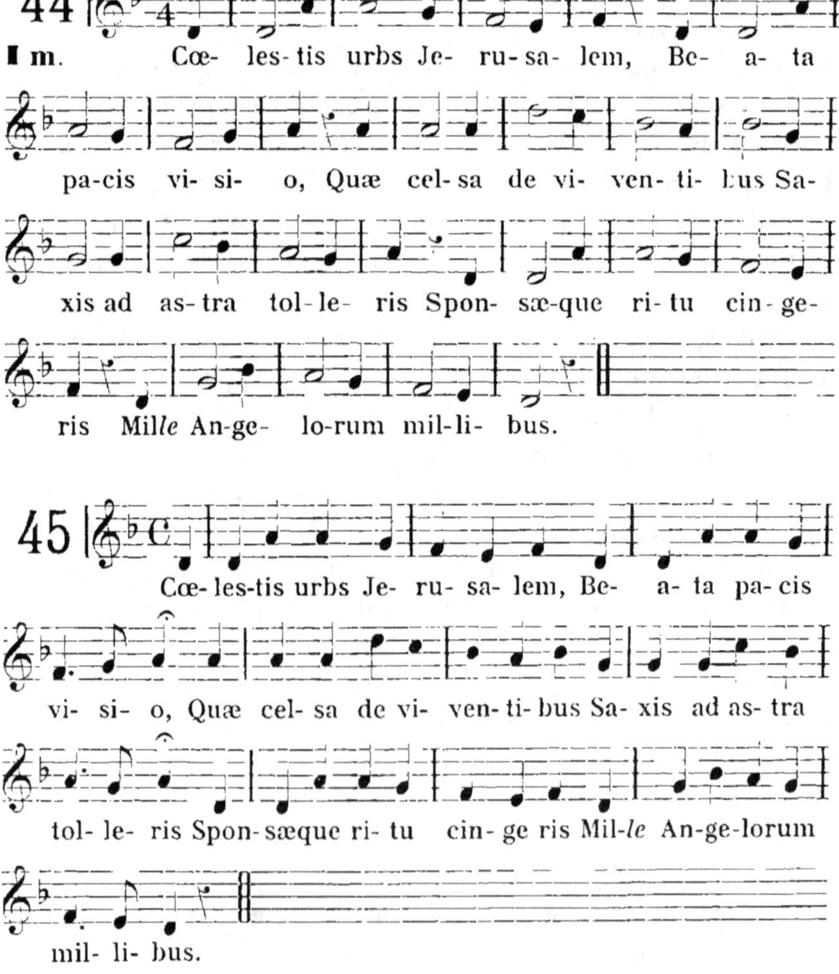
44
I m. Cœ- les-tis urbs Je- ru-sa- lem, Be- a- ta
pa-cis vi- si- o, Quæ cel-sa de vi- ven- ti- bus Sa-
xis ad as- tra tol-le- ris Spon- sæ-que ri- tu cin-ge-
ris Mil*le* An-ge- lo-rum mil-li- bus.
45
Cœ- les-tis urbs Je- ru- sa- lem, Be- a- ta pa- cis
vi- si- o, Quæ cel- sa de vi- ven- ti- bus Sa- xis ad as- tra
tol- le- ris Spon- sæque ri- tu cin- ge ris Mil-*le* An-ge-lorum
mil- li- bus.

Rythme *ternaire* remplacé au N° suivant par le rythme *quaternaire*.

46 **II m. tr.** Cœ- les- tis urbs Je- ru- sa- lem, Be- a- ta

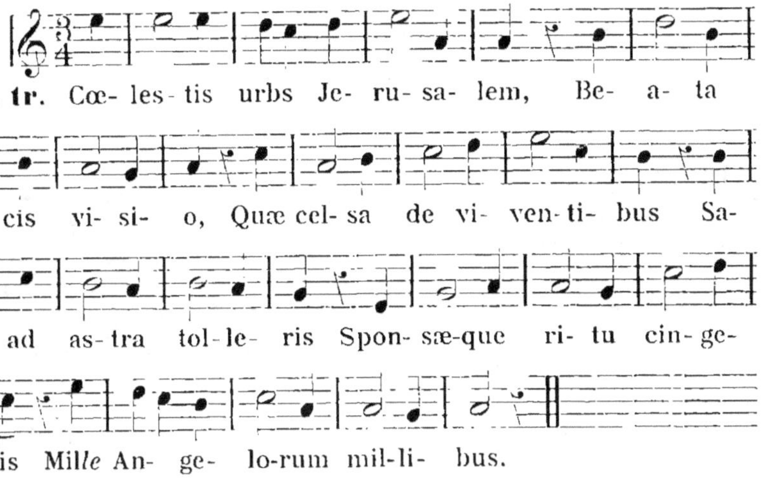

pa- cis vi- si- o, Quæ cel- sa de vi- ven- ti- bus Sa-

xis ad as- tra tol- le- ris Spon- sæ-que ri- tu cin- ge-

ris Mil*le* An- ge- lo-rum mil-li- bus.

47 Cœ- les- tis urbs Je- ru- sa-lem Be- a- ta pa- cis

vi- si- o, Quæ cel- sa de vi- ven- ti- bus Sa- xis ad as- tra

tol-le-ris Spon- sæque ri- tu cin-ge- ris Mil-*le* An- ge- lo-rum

mil-li- bus.

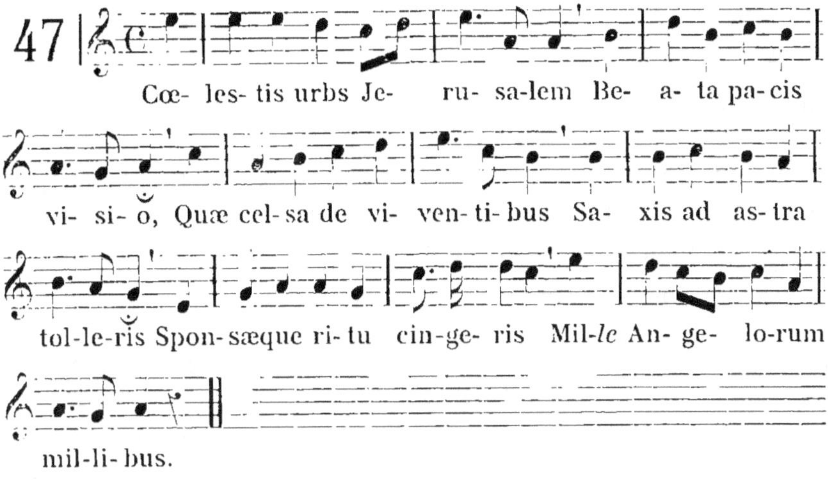

Rythme *ternaire* remplacé au N° suivant par le rythme *quaternaire*.

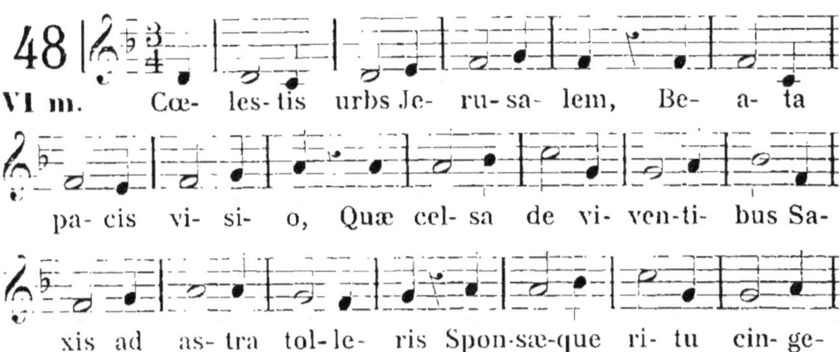
48
VI m. Cœ- les- tis urbs Je- ru- sa- lem, Be- a- ta
pa- cis vi- si- o, Quæ cel- sa de vi- ven- ti- bus Sa-
xis ad as- tra tol- le- ris Spon-sæ-que ri- tu cin- ge-

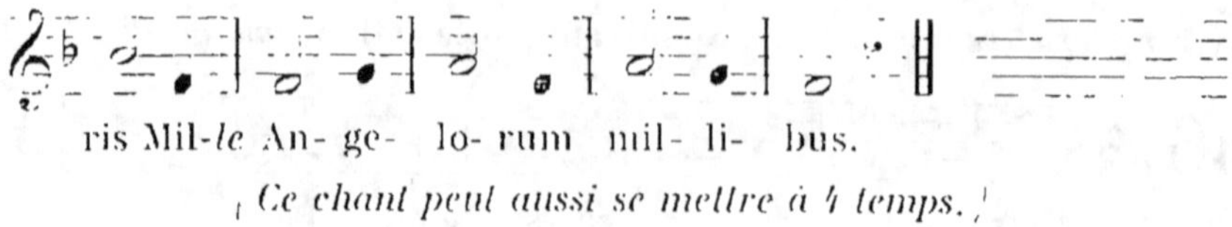
ris Mil-*le* An- ge- lo-rum mil- li- bus.

(*Ce chant peut aussi se mettre à 4 temps.*)

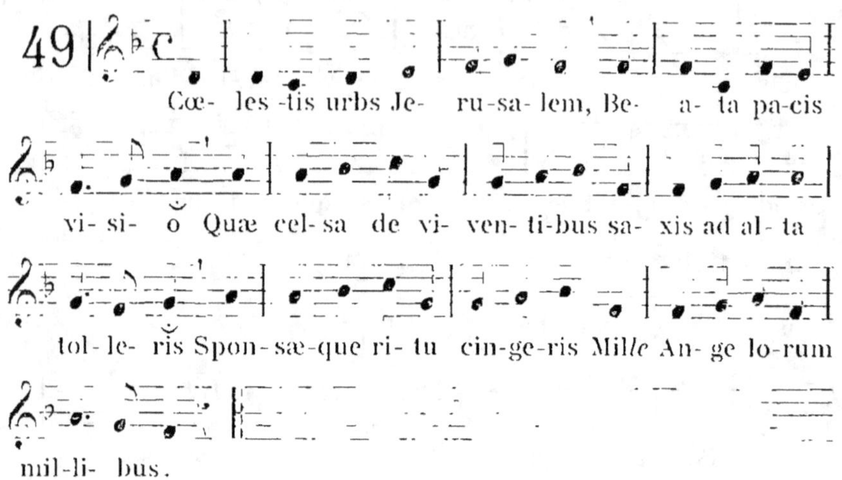
49
Cœ- les -tis urbs Je- ru-sa- lem, Be- a- ta pa-cis
vi- si- o Quæ cel- sa de vi- ven- ti-bus sa- xis ad al- ta
tol- le- ris Spon- sæ-que ri- tu cin-ge-ris Mil*le* An- ge lo-rum
mil-li- bus.

Nota.— Les exemples des Numéros 31 et 32, 34 et 35, et de ces six derniers numéros montrent suffisamment comment des mélodies du rythme *ternaire* peuvent adopter le rythme *quaternaire*. Nous ne les multiplierons pas davantage.

PETITE STROPHE IAMBIQUE, (dimètre) 2e *PAR 4 VERS.*

Hymne de la Passion qui réclame une mesure plus lente.

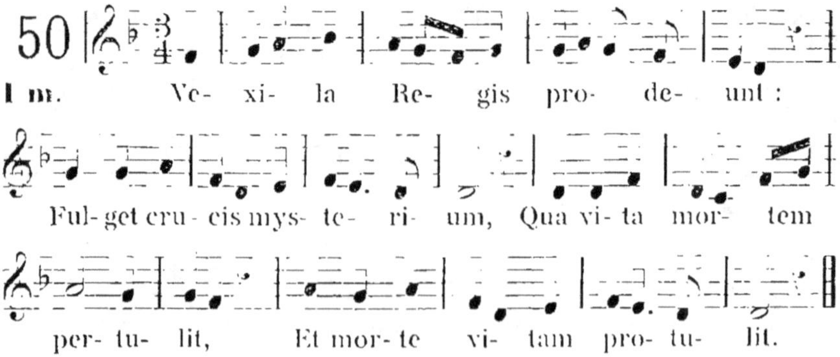
50
I m.
Ve- xi- la Re- gis pro- de- unt :
Ful- get cru - cis mys- te- ri- um, Qua vi- ta mor- tem
per- tu- lit, Et mor- te vi- tam pro- tu- lit.

Hymne des Vêpres du Commun des Apôtres,

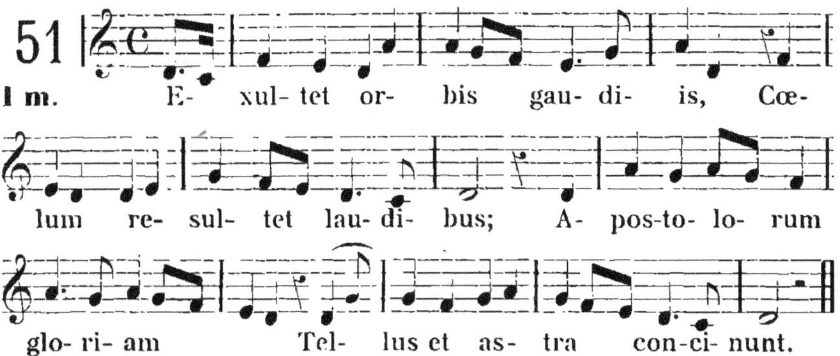
51
I m. E- xul- tet or- bis gau- di- is, Cœ-
lum re- sul- tet lau- di- bus; A- pos-to- lo- rum
glo- ri- am Tel- lus et as- tra con-ci- nunt.

Mélodie des hymnes de Noel et de la Toussaint

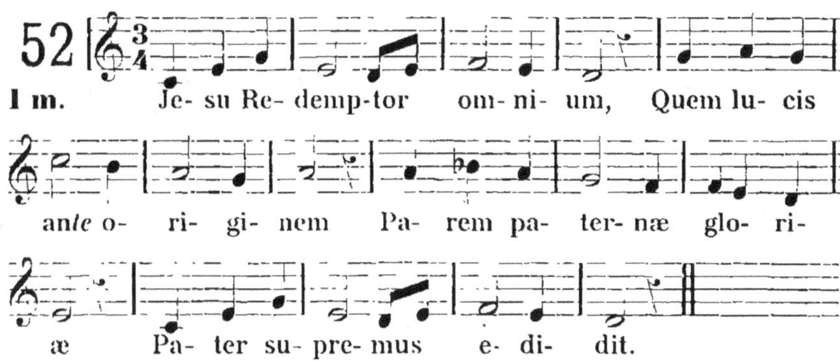
52
I m. Je- su Re- demp-tor om- ni- um, Quem lu- cis
ante o- ri- gi- nem Pa- rem pa- ter- næ glo- ri-
æ Pa- ter su- pre- mus e- di- dit.

Mélodie de l'Antiphonaire, pour les Saints Innocents,

avec le rythme *ternaire* qui favorise le placement des syllabes *élidées*

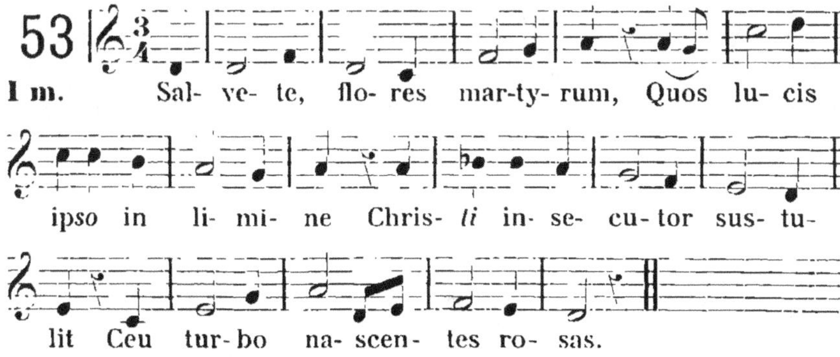
53
I m. Sal- ve- te, flo- res mar-ty- rum, Quos lu- cis
ipso in li- mi- ne Chris- ti in- se- cu- tor sus- tu-
lit Ceu tur- bo na- scen- tes ro- sas.

La même mélodie avec le rythme *quaternaire*

Elle sert aussi pour Saint Michel & les hymnes du temps pascal.

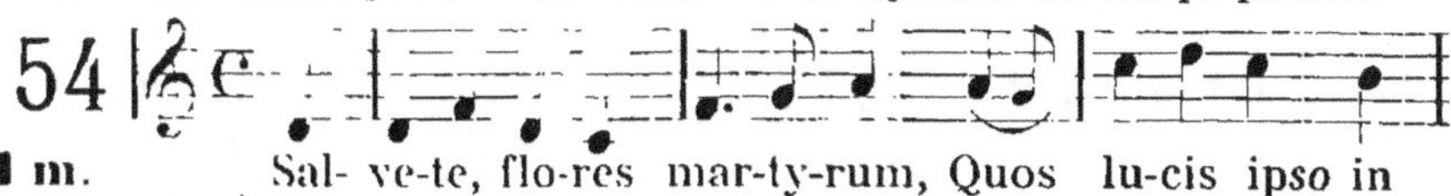
54
I m. Sal- ve-te, flo-res mar-ty-rum, Quos lu-cis ipso in

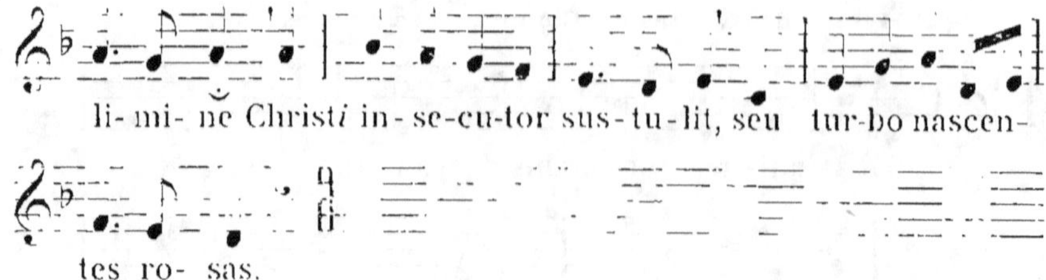
li- mi- ne Christi in - se-cu-tor sus- tu- lit, seu tur-bo nascen-
tes ro- sas.

Hymnes des Petites Heures. . Celle de None se chante encore sur huit autres airs, selon les fetes et les divers temps de l'année.

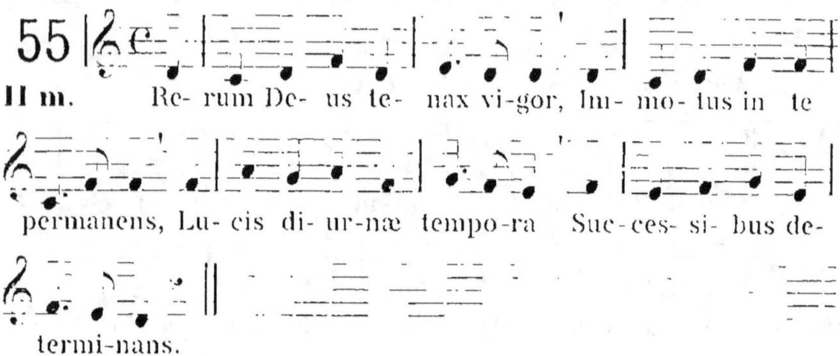
55
II m. Re- rum De- us te- nax vi-gor, Im- mo- tus in te
permanens, Lu- cis di- ur-næ tempo-ra Suc-ces- si- bus de-
termi-nans.

Hymne de None pour le temps de Careme.

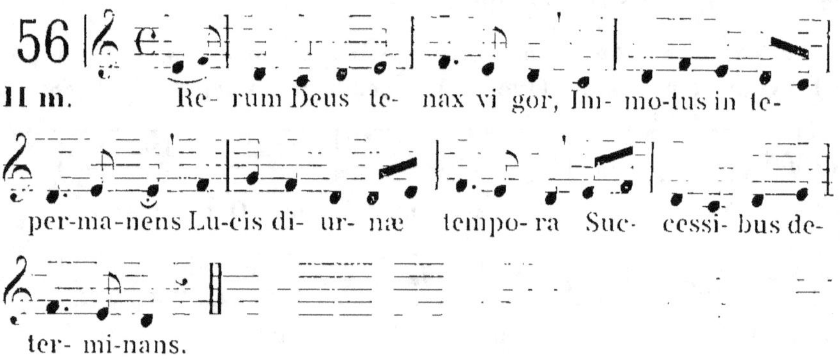
56
II m. Re- rum Deus te- nax vi gor, Im- mo-tus in te-
per-ma-nens Lu-cis di- ur- næ tempo- ra Suc- cessi- bus de-
ter- mi-nans.

Vêpres de la Pureté de la Sainte Vierge

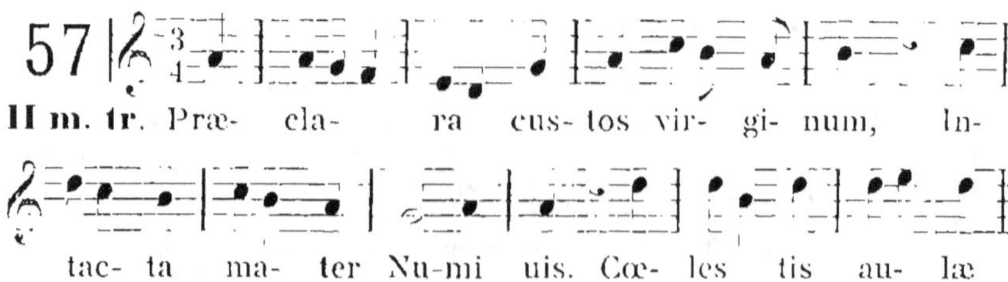
57
3
4
II m. tr. Præ- cla- ra cus- tos vir- gi- num, In-
tac- ta ma- ter Nu-mi nis. Cœ- les tis au- læ

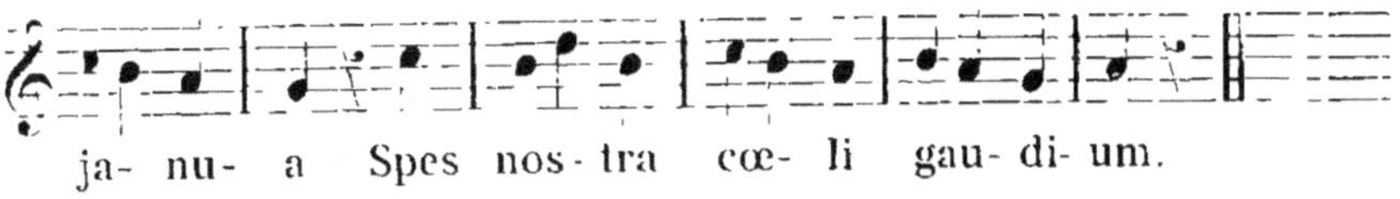
ja- nu- a Spes nos-tra cœ- li gau- di- um.

Hymne des Vêpres du Carême

58

II m. tr. Au- di, be- nig- ne Con- di- tor, Nos-tras pre- ces cum fle- ti- bus In hoc sa- cro je- ju- ni- o Fu- sas qua- dra- ge- na- ri- o.

Mélodie du IIIe ton extraite de la Prose de S. Lazare.

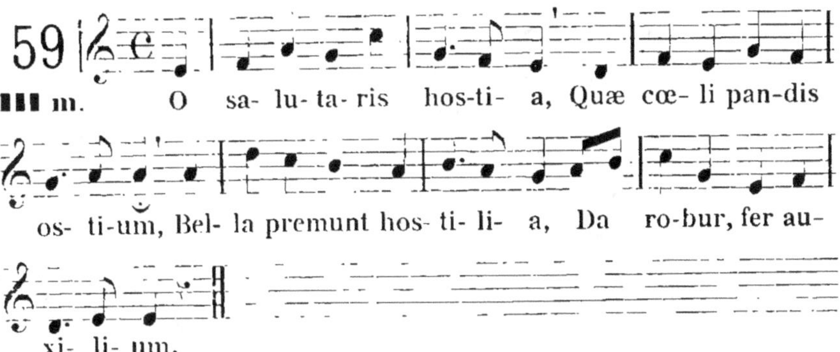
59
III m. O sa- lu- ta- ris hos-ti- a, Quæ cœ- li pan-dis
os- ti-um, Bel- la premunt hos- ti- li- a, Da ro-bur, fer au-
xi- li- um.

Cette mélodie du 3e ton, ainsi que la suivante, est tirée de la Prose de S. Lazare dont les 4 dernières strophes sont composées de 4 vers syllabiques.

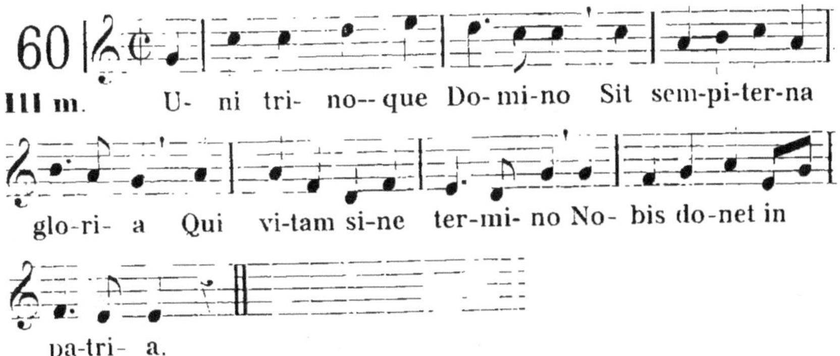
60
III m. U- ni tri- no-- que Do- mi-no Sit sem-pi-ter-na
glo-ri- a Qui vi-tam si-ne ter-mi- no No- bis do-net in
pa-tri- a.

Vepres de l'Épiphanie

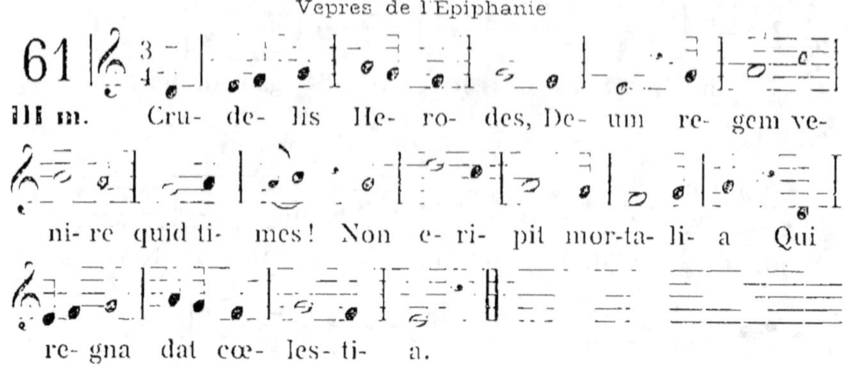
61
3
4
III m.
Cru- de- lis He- ro- des, De- um re- gem ve-
ni- re quid ti- mes! Non e- ri- pit mor-ta- li- a Qui
re- gna dat cœ- les- ti- a.

Hymne de l'Avent et des fêtes se célébrant en Avent : S. Thomas etc.
La première syllabe doit etre breve comme elle est notée ici.

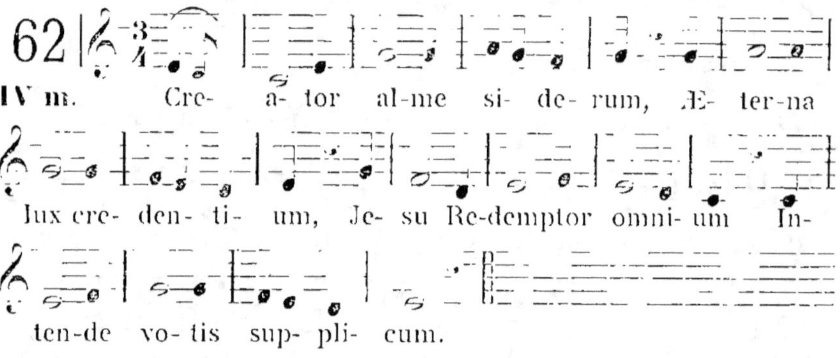
62
3
4
IV m.
Cre- a- tor al-me si- de- rum, Æ- ter-na
Lux cre- den- ti- um, Je- su Re-demptor omni- um In-
ten-de vo- tis sup- pli- cum.

Mélodie des Vepres de l'Ascension & du Saint Nom de Jésus.

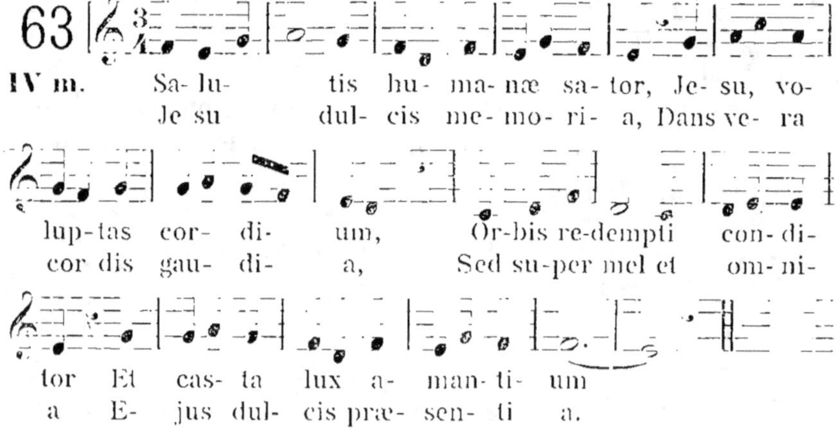
63
3
4
IV m.
Sa- lu- tis hu- ma- næ sa- tor, Je- su, vo-
Je su dul- cis me- mo- ri- a, Dans ve- ra
lup-tas cor- di- um, Or-bis re-dempti con- di-
cor dis gau- di- a, Sed su-per mel et om- ni-
tor Et cas- ta lux a- man- ti- um
a E- jus dul- cis præ- sen- ti a.

Hymne de S. Valérien (15 Sept.)

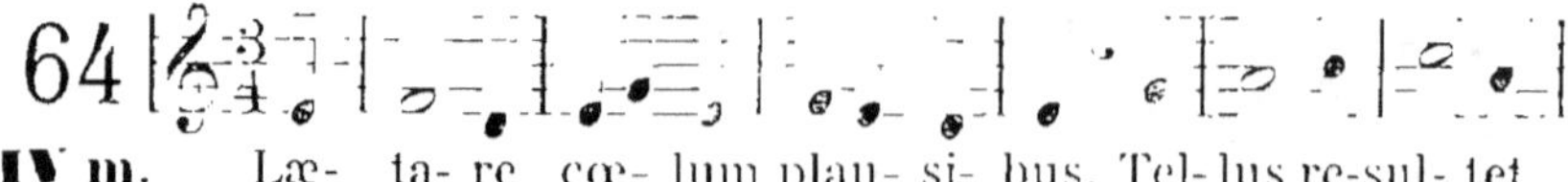
64
3
4
IV m.
Læ- ta- re cœ- lum plau- si- bus, Tel-lus re-sul- tet

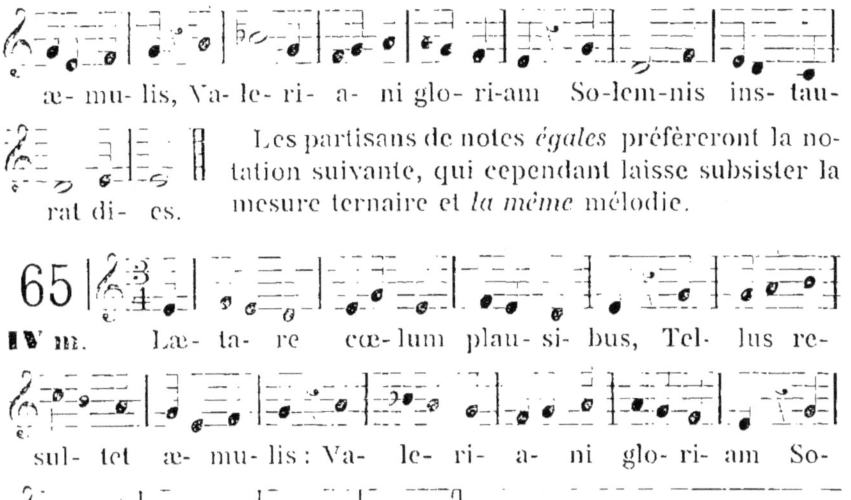
æ- mu- lis, Va- le- ri- a- ni glo- ri-am So-lem-nis ins- tau-
rat di- es.
65
IV m. Læ- ta- re cœ- lum plau- si- bus, Tel- lus re-
sul- tet æ- mu- lis : Va- le- ri- a- ni glo- ri- am So-

Les partisans de notes *égales* préfèreront la notation suivante, qui cependant laisse subsister la mesure ternaire et *la même* mélodie.

lem- nis ins- tau- rat di- es.

Cinq mélodies du Ve ton

tirées de la Prose de l'Ascension avec adaptation du *Verbum supernum*. On peut changer le rythme ternaire des quatre numéros 66 69 en rythme quaternaire. (Voir comme modèles les N°s 44 - 49.)

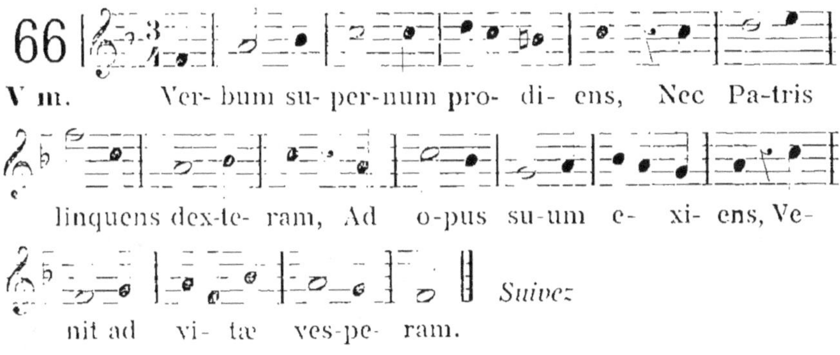
66
V m. Ver- bum su- per-num pro- di- ens, Nec Pa-tris
linquens dex-te- ram, Ad o-pus su-um e- xi- ens, Ve-
nit ad vi- tæ ves-pe- ram.
Suivez

Nota. La mélodie de la *seconde* strophe est supprimée, parce que finissant par une modulation à la Dominante, elle n'est pas complète par elle-même.

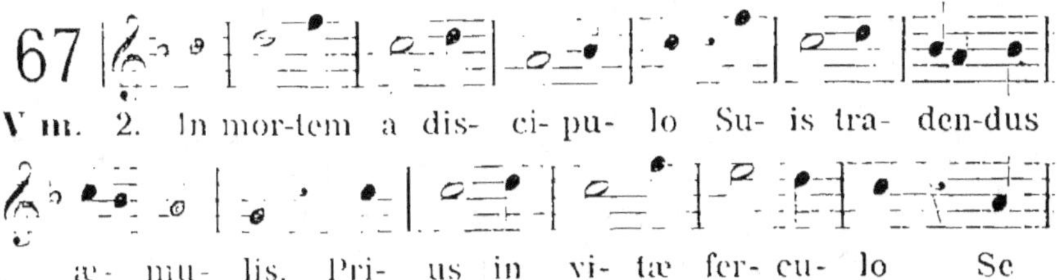
67
V m. 2. In mor-tem a dis- ci- pu- lo Su- is tra- den-dus
æ- mu- lis, Pri- us in vi- tæ fer- cu- lo Se

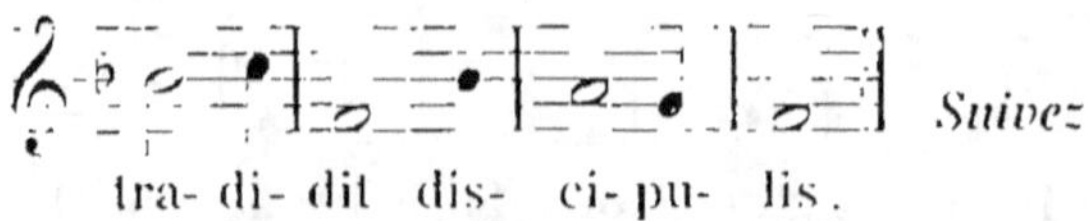
Suivez
tra- di- dit dis- ci- pu- lis.

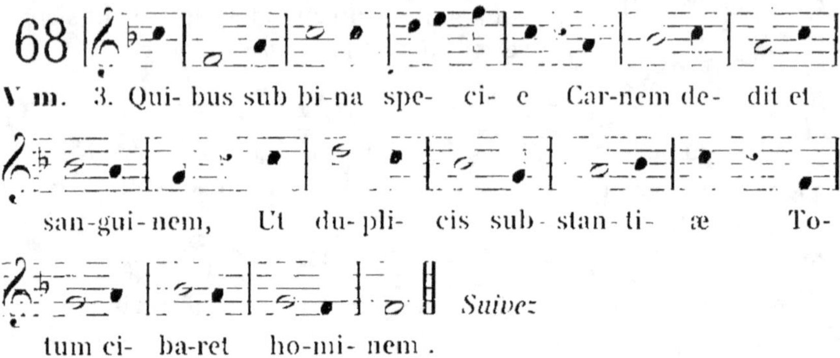
68
V m. 3. Qui- bus sub bi-na spe- ci- e Car-nem de- dit et
san-gui-nem, Ut du-pli- cis sub-stan-ti- æ To-
Suivez
tum ci- ba-ret ho-mi- nem.

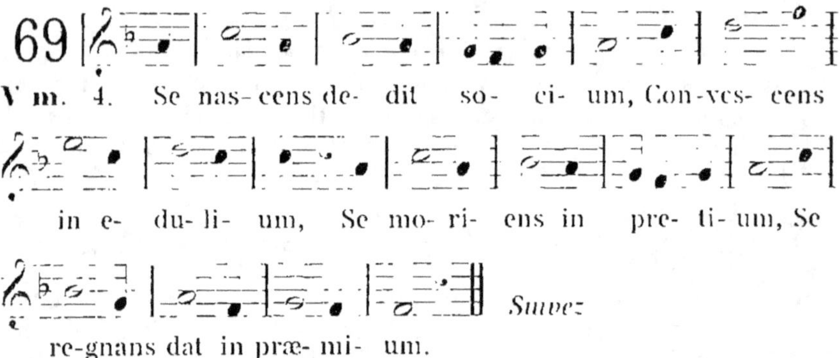
69
V m. 4. Se nas-cens de- dit so- ci- um, Con-ves- cens
in e- du- li- um, Se mo- ri- ens in pre- ti- um, Se
Suivez
re-gnans dat in præ- mi- um.

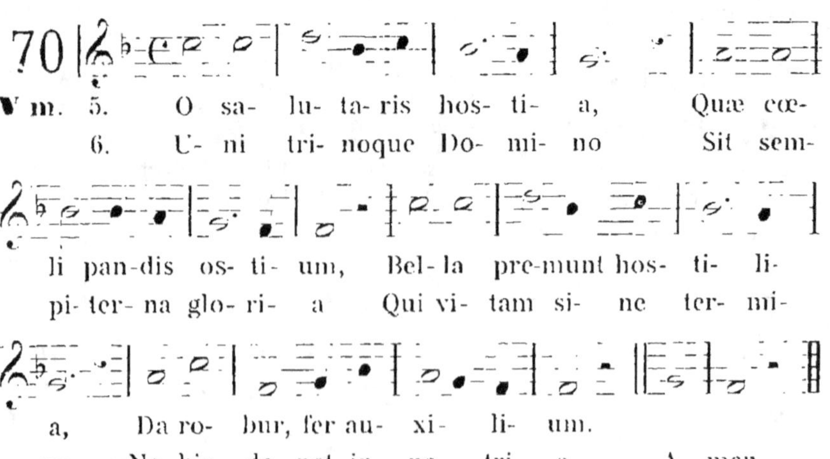
70
V m. 5. O sa- lu- ta- ris hos- ti- a, Quæ cœ-
6. U- ni tri- noque Do- mi- no Sit sem-
li pan-dis os- ti- um, Bel- la pre-munt hos- ti- li-
pi- ter- na glo- ri- a Qui vi- tam si- ne ter- mi-
a, Da ro- bur, fer au- xi- li- um.
no No-bis do- net in pa- tri- a. A- men.

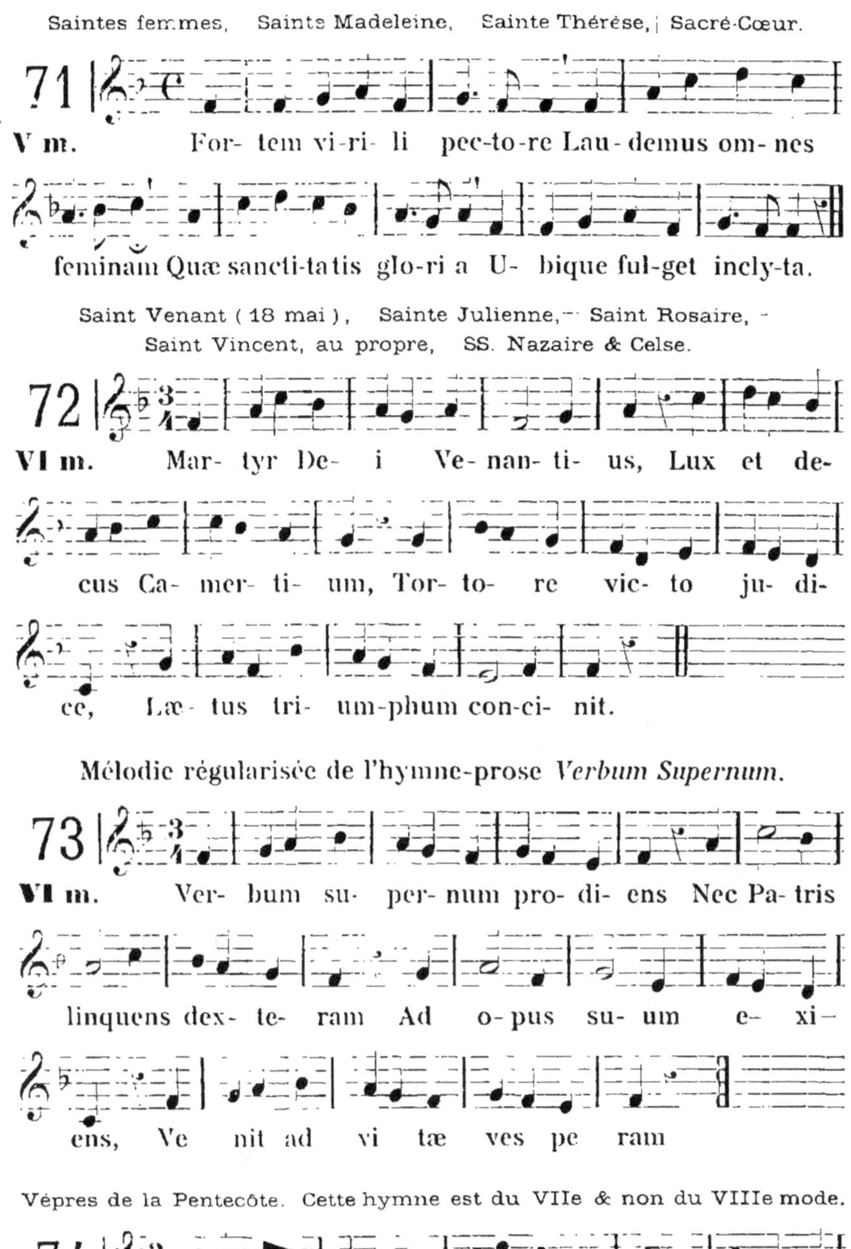
Saintes femmes, Sainte Madeleine, Sainte Thérèse, Sacré-Cœur.
71
V m.
For- tem vi-ri- li pec-to-re Lau-demus om-nes
feminam Quæ sancti-ta tis glo-ri a U- bique ful-get incly-ta.
Saint Venant (18 mai), Sainte Julienne, Saint Rosaire,
Saint Vincent, au propre, SS. Nazaire & Celse.
72
VI m.
Mar- tyr De- i Ve- nan- ti- us, Lux et de-
cus Ca- mer- ti- um, Tor- to- re vic- to ju- di-
ce, Læ- tus tri- um-phum con-ci- nit.
Mélodie régularisée de l'hymne-prose Verbum Supernum.
73
VI m.
Ver- bum su- per- num pro- di- ens Nec Pa- tris
linquens dex- te- ram Ad o- pus su- um e- xi-
ens, Ve nit ad vi tæ ves pe ram
Vêpres de la Pentecôte. Cette hymne est du VIIe & non du VIIIe mode.
74
VII m.
Ve-ni Cre- a- tor Spi- ri- tus, Men tes tu-

o- rum vi- si- ta: Im-ple su- per- na gra- ti-

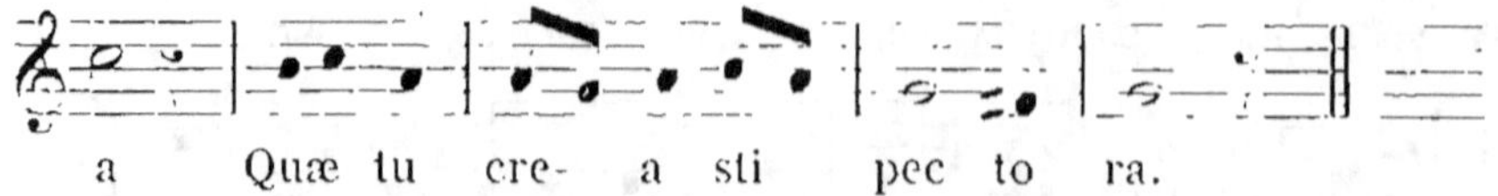
a Quæ tu cre- a sti pec to ra.

Hymne du commun des Vierges

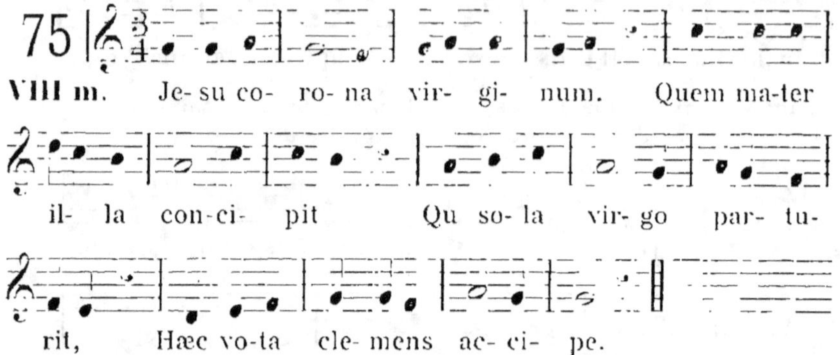
75
VIII m. Je- su co- ro- na vir- gi- num. Quem ma-ter
il- la con-ci- pit Qu so- la vir- go par- tu-
rit, Hæc vo-ta cle- mens ac- ci- pe.

Hymne du commun d'un martyr

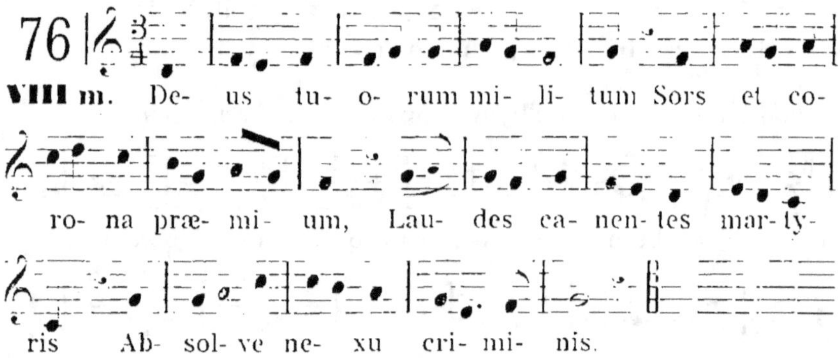
76
VIII m. De- us tu- o- rum mi- li- tum Sors et co-
ro- na præ- mi- um, Lau- des ca- nen- tes mar- ty-
ris Ab- sol- ve ne- xu cri- mi- nis.

Hymne de la Sainte-Trinité & des Vêpres du Dimanche.

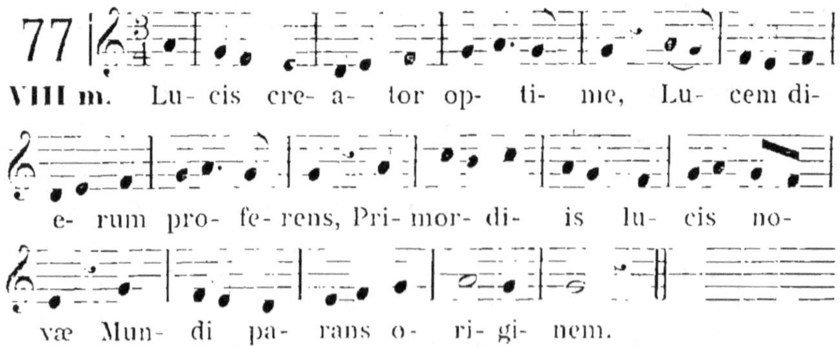
77
VIII m. Lu- cis cre- a- tor op- ti- me, Lu- cem di-
e- rum pro- fe- rens, Pri- mor- di- is lu- cis no-
væ Mun- di pa- rans o- ri- gi- nem.

Hymne de None pendant l'Avent

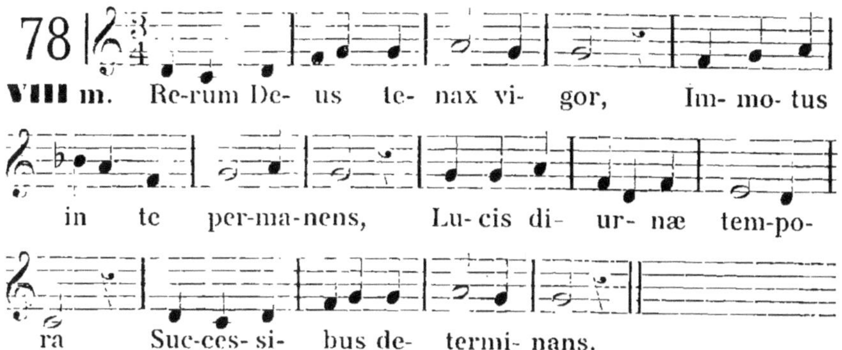
78
VIII m. Re-rum De- us te- nax vi- gor, Im- mo- tus
in te per-ma-nens, Lu-cis di- ur- næ tem-po-
ra Suc-ces- si- bus de- termi- nans.

Hymne de la Sainte Croix

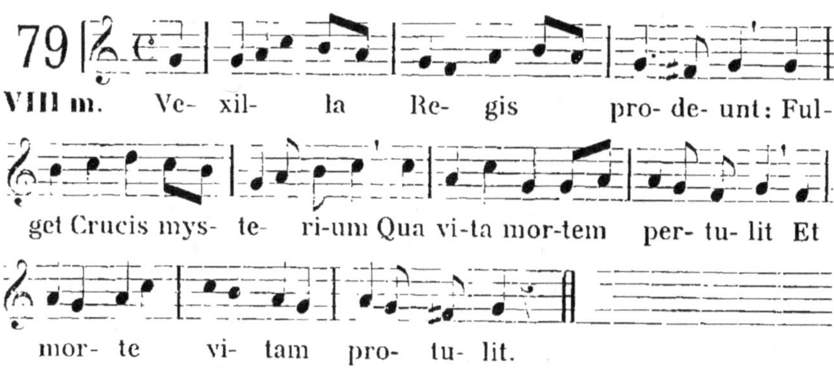
79
VIII m. Ve- xil- la Re- gis pro- de- unt: Ful-
get Crucis mys- te- ri-um Qua vi-ta mor-tem per- tu- lit Et
mor- te vi- tam pro- tu- lit.

Type *rythmique* pour la petite strophe iambique
(en musique moderne)

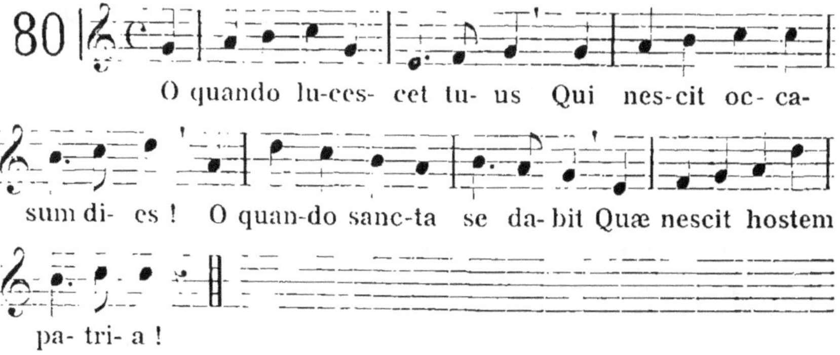
80
O quando lu-ces- cet tu- us Qui nes-cit oc- ca-
sum di- es ! O quan-do sanc-ta se da- bit Quæ nescit hostem
pa- tri- a !

CHAPITRE CINQUIÈME

DES PROSES

LEUR MÉTRIQUE PROPRE

26.— Les séquences de la Messe, les Proses et quelques hymnes non-prosodiques ne sont pas soumises aux lois de la versification latine classique, mais elles n'en suivent pas moins d'autres règles parfaitement déterminées.

Assez confuses jusqu'au XIIe siècle, ces règles furent définitivement fixées par un humble et saint religieux d'un monastère de Paris, Adam de Saint-Victor, qui joignant l'exemple au précepte, composa un grand nombre de proses admirables.

« La métrique d'Adam de Saint-Victor n'a plus pour base la quantité, mais l'accent : c'est le syllabisme substitué aux pieds. La forte et la faible remplacent la longue et la brève; puis s'adjoignant la rime, elles nous donnent un vers tout différent du vers classique et nous conduisent à ces strophes aussi variées que neuves où se joue, comme à plaisir l'incomparable virtuosité d'un artiste de génie . » (GUILLAUME, Introd. au Choix de proses d'Adam de Saint-Victor par M. l'abbé LEGRAIN, docteur ès lettres).

Les règles qui régissent la composition du vers dans les Proses concernent 1° le nombre des syllabes, 2° l'accentuation, 3° la rime, 4° enfin, dans certains vers, la césure ou coupure du vers en deux hémistiches.

27.— **Du nombre des syllabes**.— Il y a des vers de 4, 5 6, 7, 8, 10, 11 et même, si l'on veut, de 12 syllabes. Mais il faut bien remarquer que toutes les syllabes comptent : l'*élision* n'a pas lieu comme dans la poésie classique, ce qui supprime une cause de gêne fréquente dans l'adaptation parfaite du texte des hymnes prosodiques à leur mélodie.

Ces vers se réunissent en groupes réguliers de 3, 4, 5, 6 vers, ou même davantage, pour former des strophes qui se rapprochent quelquefois beaucoup, en apparence, des strophes prosodiques des hymnes que nous avons étudiées plus haut.

28.— De l'Accentuation. - Voici en raccourci, les règles de l'accentuation latine :

1. Les *monosyllabes*, au point de vue qui nous occupe, sont accentués ou non, selon le besoin du moment.

2. Les mots de *deux syllabes* ont toujours l'accent sur la première, quelle que soit sa quantité prosodique.

3. Les mots de *plusieurs syllabes* ont l'accent sur la pénultième si elle est longue;— mais si elle est brève, l'accent remonte à l'antépénultième et jamais plus haut.. Ex. Spir**i**tui, mul**i**eres.

29.-- REMARQUES. 1° Ceux des mots de *quatre* syllabes qui ont l'accent sur la pénultième, ont encore une sorte d'accent secondaire sur leur première syllabe : s**a**cram**e**ntum.

2° La particule *que* ajoutée à un mot fait partie intégrante de ce mot et l'allonge d'une syllabe. Ex. s**a**nguinis, sangu**i**nisque.

30. L'accentuation joue un rôle important dans la distinction qu'il y a à faire entre les vers masculins et les vers féminins. Si la pénultième du vers est accentuée, le vers est *féminin* (Tantum ergo sacram**e**ntum); si c'est l'antépénultième qui est accentuée, le vers est *masculin* (Veneremur c**e**rnui). C'est surtout dans le vers de *huit* syllabes que cette distinction est importante, car la composition de ce vers sera très différente dans les deux cas.

31.— De la Rime. Dans les Proses latines, la rime est plus riche que dans les vers français, car elle doit porter rigoureusement sur les *deux* dernières syllabes.

Pour la *rime des vers féminins*, il faut et il suffit qu'à partir de la première voyelle de la pénultième (inclusivement), il y ait parfaite *identité de lettres* : præsignatur, deputatur, immolatur. C'est au point qu'une rime, même parfaite à l'oreille (du moins dans notre discutable prononciation du latin), comme *aurum* & *chorum*, ne suffirait pas : elle doit encore rimer à l'œil, sauf pour les voyelles mêlées **œ** et **æ** qui riment avec *e* simple : *pie*, *viæ*.

32.— *La rime des vers masculins* porte aussi sur les deux dernières syllabes et il faut pareillement identité de lettres à partir de la pénultième: *supplicio, filio, specie, eximiæ.* Mais il faut bien remarquer que la pénultième est accentuée dans le vers féminin et ne l'est pas dans le vers masculin : par conséquent on ne peut faire rimer laboris avec corpŏris, gaudere avec sapĕre.

Nota. On trouve quelques proses sans rimes, par ex. *Adeste fideles*, mais c'est très rare, et à défaut de rimes elles ont du moins des assonances plus ou moins régulières, comme *O filii* et *Ave maris stella*.

33. De la Césure ou Coupure du vers.

Les vers de sept syllabes et au-dessous n'ont pas de césure; mais dans les vers supérieurs, la coupure du vers *en deux hémistiches* doit se faire, *sans jamais couper un mot*, de la manière suivante :

34. Dans le vers de 12 syllabes (pour ceux qui l'admettent) la coupure se fait entre la sixième et la septième syllabe : Sacris solemniis juncta sint gaudia. Mais comme nous le démontrerons plus loin, ce sont là deux vers de six syllabes très distinctes. (No 43).

35. – Dans le vers de 11 syllabes, la coupure se fait aussi entre la sixième et la septième :

Jesu, quem velatum nunc aspicio,
Oro fiat illud quod tam sitio . . . .

36. Dans le vers de dix syllabes, la coupure se fait entre la quatrième et la cinquième, comme dans notre vers français de dix pieds.

Languentibus in Purgatorio,
Qui purgantur ardore nimio . .

37. Enfin dans le vers de 8 syllabes la coupure se fait aussi entre la quatrième et la cinquième pour former deux hémistiches égaux de quatre syllabes :

Dies iræ, dies illa,
Solvet sæclum in favilla . . .

Mais remarquons que celà est vrai seulement pour le vers de 8 syllabes *féminin*, car dans le vers masculin la césure semble n'être plus obligatoire, comme on peut le constater au moins vingt fois dans la seule prose de l'Ascension *Solemnis hæc festivitas*.

De la Composition du Vers et des Strophes.

Les deux vers types de tous les autres et les plus employés sont ceux de huit et de sept syllabes.

38.— Le vers *féminin de* **huit** syllabes, qui est peut-être le plus agréable à l'oreille, est aussi le plus difficile à composer, car il est rigoureusement soumis aux trois règles suivantes :

1°. Chaque syllabe *impaire* 1, 3, 5, 7, doit avoir l'accent primaire ou au moins l'accent secondaire (N° 29). D'où exclusion de tous les mots de trois ou de quatre syllabes ayant la pénultième brève : glōrĭă, Dŏmĭnūm, fēstĭvĭtās

2° Il doit se diviser en deux hémistiches de quatre syllabes sans jamais couper un mot. D'où exclusion de tout mot de cinq syllabes ou plus. D'où encore nécessité, quand on emploie un mot de trois syllabes, de le faire précéder, (et non suivre) d'un monosyllabe.

3° Enfin il doit avoir la rime féminine (N° 31), qui est généralement moins facile à trouver que la rime masculine.

39.— Pour faciliter la composition de la strophe en vers féminins de 8 syllabes, on la termine souvent par un vers de 7 syllabes (N° 40), afin d'y rejeter les dactyles ou autres mots qui ne peuvent entrer dans le vers de huit féminin. C'est ainsi que les strophes du *Stabat mater* sont composées de 2 vers féminins de huit, et 1 de sept.

Nota.— En réalité cette réunion de 3 vers ne forme qu'une *demi-strophe*, et la strophe complète devrait comprendre 6 vers, parce que le troisième vers ne trouve qu'au sixième une rime correspondante. Dans sa forme complète cette strophe se formule donc ainsi : 8, 8, 7 - 8, 8, 7 et pour la rime : ffm - ffm

40.— Le vers de **sept syllabes**, qui est toujours masculin, est d'une construction beaucoup plus simple et n'est soumis qu'à deux lois : celle de la *rime* (masculine, N° 32) et celle de l'*accentuation de l'antépénultième*.

Ce vers ne peut se terminer que par un mot de *trois* syllabes au moins, dont la pénultième est brève, ce qui rend l'antépénultième accentuée.

41.— A ce type de sept syllabes se rattachent pour en suivre les deux lois très simples :

1°. Le vers de huit syllabes *masculin* ;

Les vers de 6, 5 et 4 syllabes *masculins*. Quand ces vers sont féminins ils ont la pénultième accentuée, mais n'ont pas d'autre condition à remplir.

3° Les deux hémistiches des vers de 10 et de 12 syllabes.

4° Le second hémistiche du vers de 11 syllabes; mais son premier hémistiche ressemble à un vers *féminin* de six syllabes sans rime.

CHAPITRE SIXIÈME

DES PROSES

(*Suite*)

STROPHES LES PLUS USITÉES

42.— Voici maintenant quelques exemples, pris parmi les plus connus, des différentes strophes que peuvent donner, par leurs combinaisons, les vers dont nous venons d'étudier les règles. Pour plus de brièveté, nous ne donnerons, sauf exception, que la première strophe de chacun de ces exemples.

43.— **Strophe pseudo-asclépiade.**— Cette strophe, qui est celle du *Sacris solemniis*, ressemble exactement, pour la coupe et le nombre des syllabes, à la strophe asclépiade (N° 13) et elle peut se chanter sur les mêmes mélodies (Mél. 19 à 27). Cependant, en réalité, les trois vers de 12 syllabes qu'on croit y découvrir doivent se dédoubler en six vers de 6, comme nous le montrent bien les rimes croisées qui terminent chacun d'eux. Exemple :

Sacris solemniis
Juncta sint gaudia,
Et ex præcordiis
Sonent præconia;
Recedant vetera,
Nova sint omnia :
Corda, voces et opera.

Nous donnons ici (Mél. 81) la mélodie si connue de cette hymne-prose. On voudra bien constater qu'elle ne perd rien à suivre une mesure exacte et musicale.

44.— Les deux autres strophes qui ont une complète ressemblance extérieure avec les strophes prosodiques déjà étudiées, sans en avoir la quantité sont :

1°. La **strophe pseudo-trochaïque** de six vers dont l'hymne-prose *Pange lingua gloriosi* est le type. Elle peut se chanter sur l'une quelconque des mélodies Nos 34 à 38.

2°. La **petite strophe pseudo-iambique** dont nous trouvons des modèles dans le *Verbum supernum* de S. Thomas (Mél. 66 - 70) et le *Jesu dulcis* de S. Bernard (Mél. 63).

Ces hymnes-proses peuvent se chanter sur l'une quelconque des mélodies Nos 50 à 80.

Nota.— La strophe *pseudo-saphique* ne se trouve pas dans les livres liturgiques; cependant St Bernard et d'autres en ont usé dans leurs compositions poétiques. Mais de même que le vers pseudo-asclépiade s'est dédoublé (V. No 43), le vers pseudo-saphique se dédouble aussi en deux vers *rimant ensemble*, comme on le voit dans cette strophe d'une prose de S. Bernard :

Omnes electi,— Compotes effecti
Vitæ beatæ,— Dominum rogate
Nobis ut lætam — Donet et quietam
Ducere vitam.

45.— **Strophes en vers de ONZE syllabes**. Ces strophes sont rares: on ne les trouve même, à vrai dire, que dans l'*Adoro te*. Au rit romain, le premier vers de cette prose est faux, comme ayant douze syllabes :

Adoro te *devote*, latens Deitas . . .

Au rit parisien on chantait: *Adoro te supplex*, ce qui fait le vers juste et la coupure bien placée. Notons aussi qu'il faut séparer par un léger repos les deux hémistiches (Mél. No 82).

46.— **Strophe triomphale**. Cette strophe, très ample d'allure, se compose de deux demi-strophes ayant trois vers de 10 syllabes à une seule rime et un quatrième vers de 4 syllabes qui rime avec le huitième. L'exemple suivant auquel nous avons adapté une mélodie (No 83) est tiré d'une prose pascale d'Adam de Saint-Victor.

Salve, dies, dierum gloria,	Lux divina cæcis irradiat,
Dies felix Christi victoria,	In qua Christus infernum spoliat,
Dies digna jugi lætitia,	Mortem vincit, et reconciliat
Dies prima !	Summis ima.

NOTA. — Dans les proses des divers Propres diocésains, cette strophe est partagée en deux strophes de 4 vers seulement. Nous donnons aux Nos 84 et 85, les mélodies de la prose parisienne de la Dédicace à tournure iambique et de la prose chalonnaise de St Marcel à tournure trochaïque. Faisons aussi remarquer, une fois pour toutes, qu'à la différence des hymnes, les proses ont fréquemment une mélodie particulière pour chaque strophe (ou mieux, pour chaque couple de demi-strophes), et que dans la prière qui les termine, le rythme devient plus grave et plus lent.

47.— Le vers de 10 syllabes, par groupe de quatre vers avec une invocation finale de 4 syllabes, fournit une autre strophe dont voici un exemple connu avec une mélodie (Mél. 86) qui l'est moins:

Languentibus in Purgatorio
Qui purgantur ardore nimio,
Et torquentur gravi supplicio,
Subveniat tua compassio,
O Maria !

Le No 87 offre une mélodie pour des strophes de même rythme, tirée du recueil bénédictin.

48.— Strophes de QUATRE vers de 8 syllabes homogènes c. à d. tous masculins ou tous féminins.

Cette strophe en vers *féminins* ne se trouve guère que dans l'antienne *Ave Regina cœlorum.** Mais en vers *masculins*, elle est au contraire assez fréquente dans les proses. C'est celle dont nous avons déjà parlé (No 44, 2e) sous le nom de petite strophe pseudo-iambique. On la trouve, avons-nous dit, dans les hymnes-proses *Verbum supernum* et *Jesu dulcis*, et encore dans les proses

* Cette antienne a quatre fautes dans 8 vers : deux mauvaises coupes et deux élisions. (V. Nos 38 & 27)

Solemnis hæc festivitas de l'Ascension, *Fas sit Christe* du Sacré-Cœur au parisien, *Cesset vetus discordia* des saints Pierre et Paul, etc. (Mél. 50 à 80, mais surtout 66 à 70.)

49.— Strophes de TROIS vers de 8 syl. homogènes.

1° Strophe de 3 vers de 8 *féminins* avec trois rimes semblables. C'est la strophe la plus difficile à composer : on ne la trouve que dans le *Dies iræ*.

2°. Strophe de 3 vers de 8 *masculins*. Cette strophe, qui est l'inverse de la précédente, se trouve dans *O filii* de Pâques. Les trois rimes sont aussi semblables, mais elles sont très imparfaites et ne sont même que de simples *assonnances*, homophones par la dernière voyelle seulement.

Ces deux proses, dont les strophes ont le même nombre de vers et de syllabes, sont pourtant très différentes, non seulement en ce que l'une respire la tristesse et l'autre la joie, mais parce que le *Dies iræ* a une marche trochaïque et *O filii* une marche iambique, du moins dans son ensemble, car plusieurs vers font exception ainsi que la dixième strophe en entier.

50.- Strophes de vers de 8 syllabes MÊLÉS c. à d. où entrent des vers féminins et des vers masculins. Cette strophe ne se trouve guère qu'accidentellement, mêlée à d'autres, comme à la fin de la prose éduenne de St Lazare. On la trouve aussi dans une prose bisontine à la Sainte Trinité (Mél. 88).

Unum Deum adoramus
Natura non compositum,
Tres personas prædicamus :
Patrem, Verbum et Spiritum.

51.— Strophes de vers de 7 syllabes seuls.

Ces vers, toujours masculins, forment principalement :

1° Des strophes de 5 vers dans la prose de Noël *Votis Pater annuit* (Mél. 89).

2° Des strophes de 4 vers, suivis d'une invocation en forme de refrain, dans la prose bien connue *Concordi lætitia* (Mél. 90)

3° Des strophes de 3 vers dans la prose de l'Épiphanie *Ad Jesum accurrite* (Mél. 91), dans celle de la Pentecôte *Veni Sancte Spiritus* (Mél. 92), dans les proses parisiennes de l'Assomption, de la Nativité, de St Denys, etc.

MÉLODIES

se rapportant aux Nos 43 à 50 inclus.

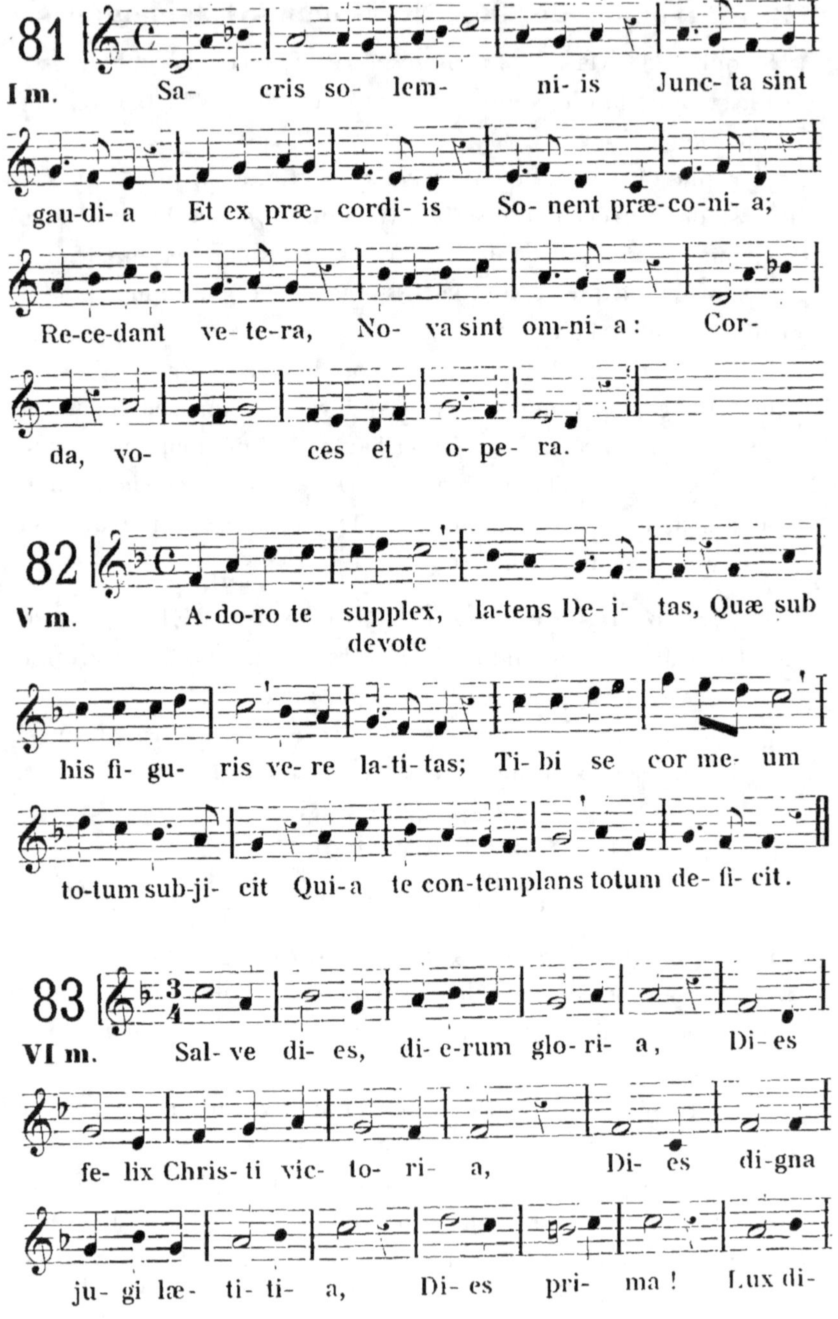
81
I m. Sa- cris so- lem- ni- is Junc- ta sint
gau-di- a Et ex præ- cordi- is So- nent præ-co-ni- a;
Re-ce-dant ve- te-ra, No- va sint om-ni- a: Cor-
da, vo- ces et o- pe- ra.
82
V m. A-do-ro te supplex, la-tens De- i- tas, Quæ sub
devote
his fi- gu- ris ve- re la-ti-tas; Ti- bi se cor me- um
to-tum sub-ji- cit Qui-a te con-templans totum de- fi- cit.
83
3
4
VI m. Sal- ve di- es, di- e-rum glo- ri- a, Di- es
fe- lix Chris- ti vic- to- ri- a, Di- es di-gna
ju- gi læ- ti- ti- a, Di- es pri- ma! Lux di-

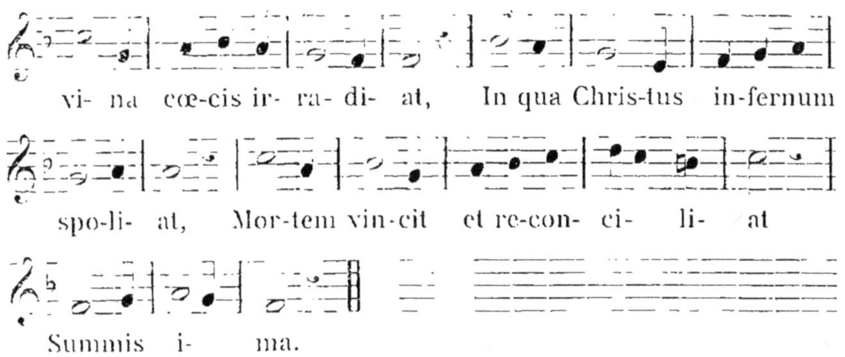
vi- na cœ-cis ir- ra- di- at, In qua Chris-tus in-fernum
spo-li- at, Mor-tem vin-cit et re-con- ci- li- at
Summis i- ma.

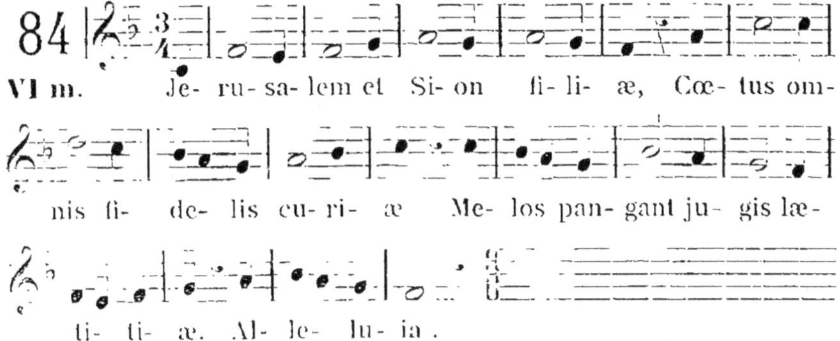
84
VI m. Je- ru- sa- lem et Si- on fi- li- æ, Cœ- tus om-
nis fi- de- lis cu- ri- æ Me- los pan- gant ju- gis læ-
ti- ti- æ. Al- le- lu- ia.

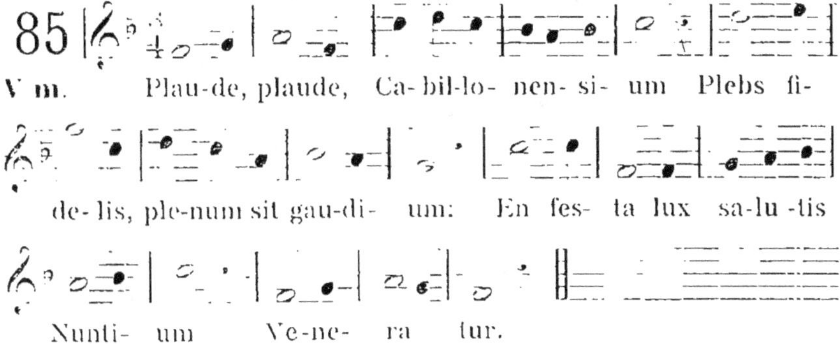
85
V m. Plau-de, plaude, Ca- bil-lo- nen- si- um Plebs fi-
de- lis, ple-num sit gau-di- um: En fes- ta lux sa-lu -tis
Nunti- um Ve-ne- ra tur.

86

I m. Languen-ti-bus in Purga- to-ri- o, Qui purgantur ar-

dore ni-mi- o et torquentur gra- vi suppli-ci- o, Sub-

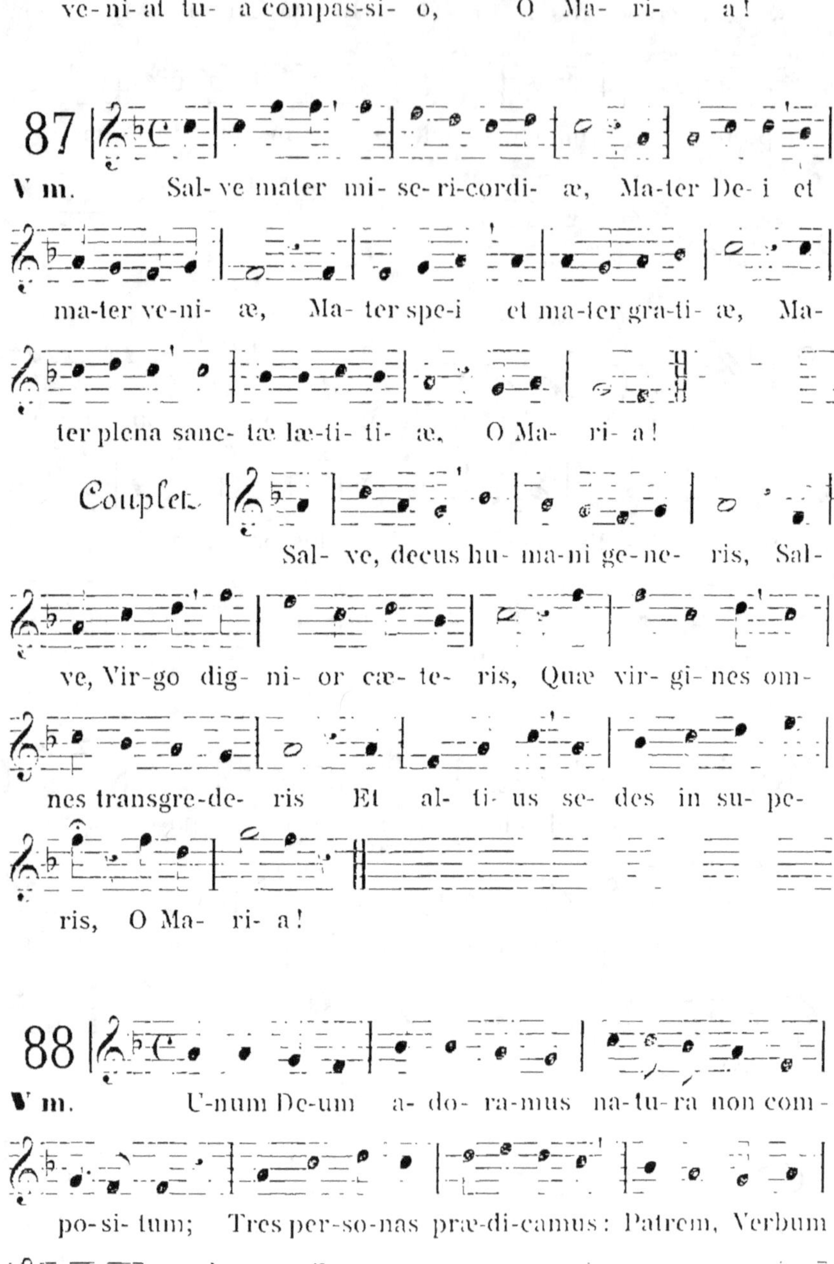
ve-ni-at tu- a compas-si- o, O Ma- ri- a!
87
V m.
Sal- ve mater mi- se-ri-cordi- æ, Ma-ter De- i et
ma-ter ve-ni- æ, Ma- ter spe-i et ma-ter gra-ti- æ, Ma-
ter plena sanc- tæ læ-ti- ti- æ, O Ma- ri- a!
Couplet
Sal- ve, decus hu- ma-ni ge-ne- ris, Sal-
ve, Vir-go dig- ni- or cæ- te- ris, Quæ vir- gi- nes omnes transgre-de- ris Et al- ti- us se- des in su- pe-
ris, O Ma- ri- a!
88
V m.
U-num De-um a- do- ra-mus na-tu-ra non com-
po-si- tum; Tres per-so-nas præ-di-camus: Patrem, Verbum
et Spi-ri- tum.

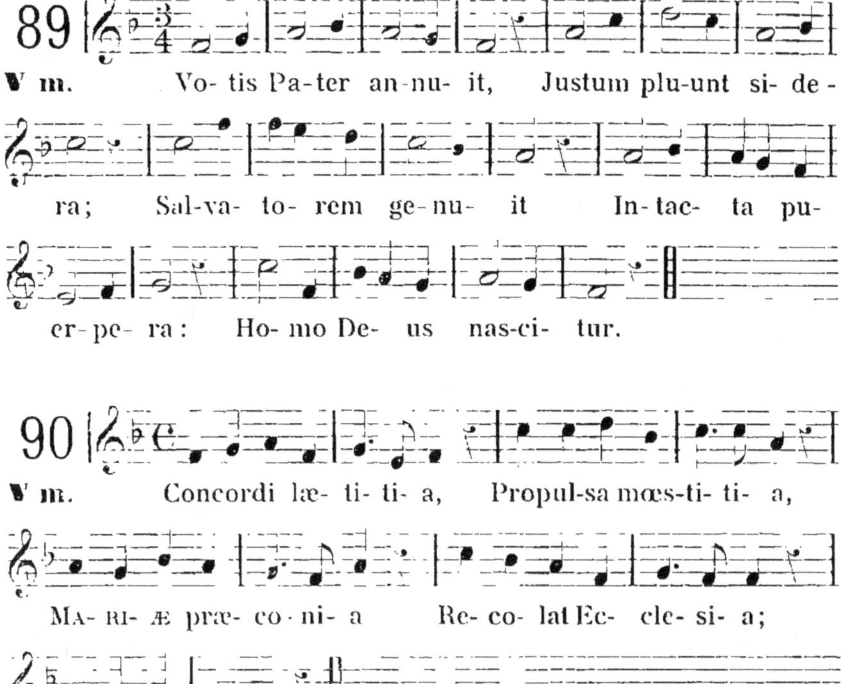
89
V m.
Vo- tis Pa-ter an-nu- it, Justum plu-unt si- de -
ra; Sal-va- to- rem ge-nu- it In- tac- ta pu-
er- pe- ra: Ho- mo De- us nas-ci- tur.
90
V m.
Concordi læ- ti- ti- a, Propul-sa mœs-ti- ti- a,
MA- RI- Æ præ- co- ni- a Re- co- lat Ec- cle- si- a;
A-ve Ma- ri- a.

Le texte original du refrain de la prose N° 90 est *Virgo Maria*, mais il se rattache mal au sens des 4 vers de la strophe, et nous préférons le refrain *Ave Maria*. Voici du reste une autre mélodie pour les strophes de 4 vers de 7 *sans refrain*.

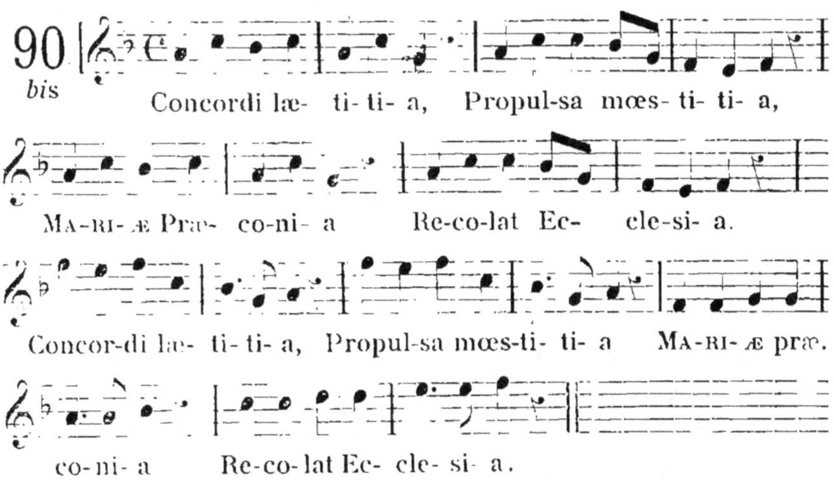
90
bis
Concordi læ- ti- ti- a, Propul-sa mœs- ti- ti- a,
MA-RI-Æ Præ- co-ni- a Re-co-lat Ec- cle-si- a.
Concor-di læ- ti- ti- a, Propul-sa mœs-ti- ti- a MA-RI-Æ præ-
co-ni- a Re-co- lat Ec- cle- si- a.

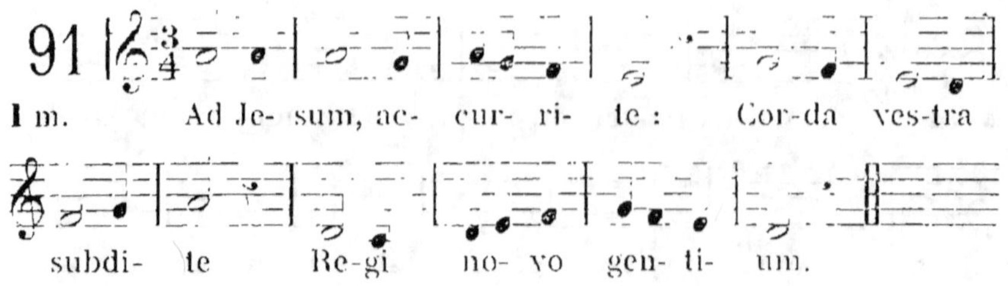
91
I m.
Ad Je- sum, ac- cur- ri- te : Cor-da ves-tra
subdi- te Re-gi no- vo gen- ti- um.

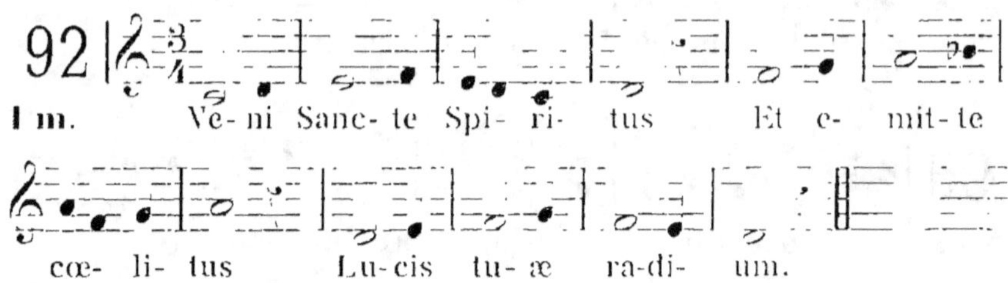
92
I m.
Ve- ni Sanc- te Spi- ri- tus Et e- mit- te
cœ- li- tus Lu-cis tu- æ ra-di- um.

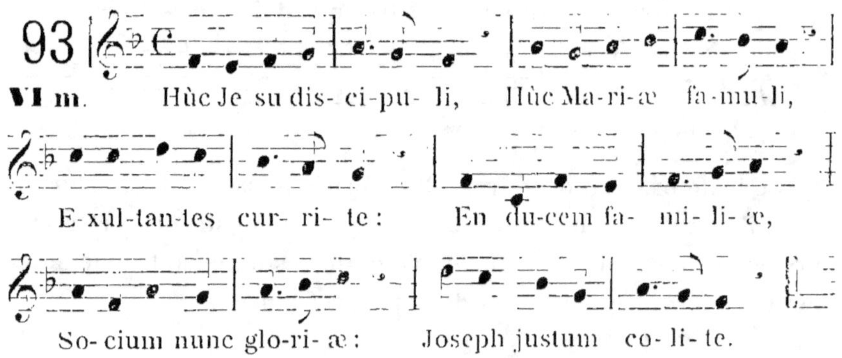
93
VI m.
Hùc Je su dis- ci-pu- li, Hùc Ma-ri-æ fa-mu-li,
E-xul-tan-tes cur- ri- te : En du-cem fa- mi- li- æ,
So- cium nunc glo-ri- æ : Joseph justum co- li- te.

32. — Observations sur les Strophes de 3 et de 5 vers.

Quand une strophe a un nombre de vers *impair* et n'a pas toutes ses rimes semblables, le dernier vers rime avec le dernier vers de la strophe suivante (ou précédente). Il en serait de même avec un nombre de vers *pair*, si le dernier vers n'a pas de rime correspondante dans cette strophe. Dans ces deux cas, il n'y a en réalité que des demi-strophes qui doivent se compléter mutuellement en allant par couple.

Dans la mélodie N° 93 les 6 vers ne forment bien en effet qu'une seule strophe.

55. — Strophes en vers mélangés de 8 et de 7 syllabes.

Ce mélange donne plusieurs combinaisons dont voici les principaux types liturgiques :

1er type	8 f. Stabat mater dolorosa
3 vers :	8 f. Juxta crucem lacrymosa
	7 m. Dum pendebat filius.

La majeure partie du *Lauda Sion* est de ce type. Cette prose admirable renferme aussi une strophe de 10, 10, 7 (la 6e), une de 7, 7, 7 (la 8e) et les deux types ci-dessous : *Ecce panis* (str. 17 à 28) et *Bone Pastor* (str. 21 et 22).

2e type	8 f. Ecce panis angelorum
4 vers :	8 f. Factus cibus viatorum,
	8 f. Vere panis filiorum,
	7 m. Non mittendus canibus.

3e type	8 f. Bone pastor, panis vere.
	8 f. Jesu, nostri miserere ;
5 vers :	8 f. Tu nos pasce, nos tuere,
	8 f. Tu nos bona fac videre
	7 m. In terra viventium.

Nota.— Les poètes du moyen-âge se sont parfois exercés à présenter les strophes précédentes avec un *dédoublement de vers* qui augmente le nombre de rimes et le mérite de la difficulté vaincue, mais qui n'est pas toujours très favorable à l'expression juste et naturelle de la pensée. On en pourra juger par ces deux exemples tirés d'Adam de Saint-Victor

1er type à vers dédoublés (Dédicace)

In hac casa
Cuncta vasa
Sunt ex auro
De thesauro
Prælecto penitus :

Nam magistros
Et ministros
Decet doctos
Et excoctos
Igne Sancti Spiritus.

3e type à vers dédoublés (Purification)

Fons signate
Sanctitate,
Rivos funde,
Nos infunde ;
Fons hortorum
Internorum,
Riga mentes
Arescentes
Unda tui rivuli.

Fons redundans,
Sis inundans,
Cordis prava
Quæque lava ;
Fons illimis,
Munde nimis,
Ab immundo
Munda mundo
Cor mundani populi.

Les mélodies 94 et 95 se rapportent au 4e type de strophes en vers de 8 et de 7 mêlés dont il est parlé à la page suivante. On remarquera que ces strophes ont la même coupe que les strophes en vers français de 7 pieds.

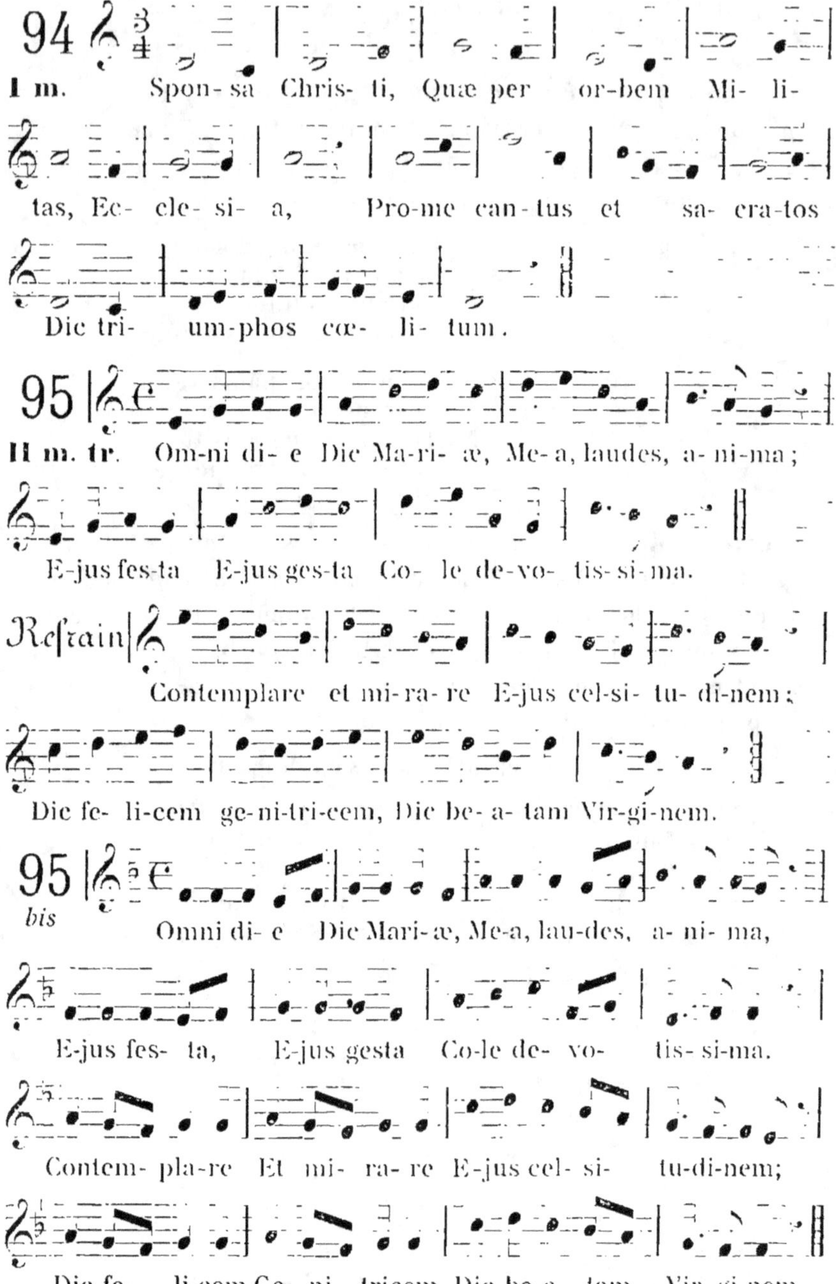
94
I m. Spon-sa Chris-ti, Quæ per or-bem Mi-li-
tas, Ec-cle-si-a, Pro-me can-tus et sa-cra-tos
Dic tri-um-phos cœ-li-tum.
95
II m. tr. Om-ni di-e Dic Ma-ri-æ, Me-a, laudes, a-ni-ma;
E-jus fes-ta E-jus ges-ta Co-le de-vo-tis-si-ma.
Refrain
Contemplare et mi-ra-re E-jus cel-si-tu-di-nem;
Dic fe-li-cem ge-ni-tri-cem, Dic be-a-tam Vir-gi-nem.
95
bis
Omni di-e Dic Mari-æ, Me-a, lau-des, a-ni-ma,
E-jus fes-ta, E-jus gesta Co-le de-vo-tis-si-ma.
Contem-pla-re Et mi-ra-re E-jus cel-si-tu-di-nem;
Dic fe-li-cem Ge-ni-tricem, Dic be-a-tam Vir-gi-nem.

54.— **4e type** 4 vers :

8 f. Ave verum corpus natum
7 m. De Maria virgine,
8 f. Vere passum, immolatum
7 m. In cruce pro homine.

Le *Salve pater Salvatoris* est aussi de ce rythme, ainsi que la prose de la Toussaint *Sponsa Christi*. Mais il faut remarquer que cette prétendue prose est une véritable *hymne prosodique*, dont les strophes sont formées de 2 vers trochaïques tétramètres catalectiques dédoublés en 4 vers. On ne sera donc pas surpris de n'y pas trouver de rimes. (Mél. 94)

55. — Au type précédent se rapporte une autre strophe, gracieuse de forme et très usitée par S. Bernard, où les deux vers de 8 syllabes ont été dédoublés en 4 vers de 4 syllabes. En voici un exemple tiré de la prose composée par S. Casimir de Pologne (Mél. 95).

Omni die
Dic Mariæ
Mea, laudes, anima;
Ejus festa,
Ejus gesta
Cole devotissima.

Contemplare
Et mirare
Ejus celsitudinem:
Dic felicem
Genitricem,
Dic beatam Virginem.

56.— **Strophes en vers de SIX syllabes**. En voici quatre :

1o La strophe de 8 vers : Prière à St Louis de Gonzague (Mél. 96).

2o La strophe de 5 vers masculins : Prose éduenne de St Andoche (Mél. 97) et Prose parisienne de l'Annonciation *Humani generis*.

3o La strophe de 5 vers féminins : Salve Virgo pia. (Mél. 98)

4o La strophe de 4 vers féminins : Ave maris stella. (Mél. 99).

57.— La prière à la Sainte Vierge *Ave maris stella* est une prose sans rimes, mais avec des assonances fréquentes et même régulières dans quelques strophes. Ce n'est pas une hymne prosodique : en effet, si c'était une hymne trochaïque, il n'y aurait pas deux iambes dès le premier vers : ăvē mărīs stella. Si c'étaient au contraire des vers iambiques, pourquoi trois trochées dans le même vers Virgŏ sīngŭlārīs ? pourquoi des pyrrhiques au premier pied: Mălă, Bŏnă, Tŭlĭt, et encore au second : Trĭbŭs hŏnŏr unus, et même au dernier : Summo Christo dĕcŭs ? Ce ne sont pas des vers prosodiques et ce sont de très mauvais vers syllabiques : néanmoins cette prière est pieuse et elle plaît telle qu'elle est.

MÉLODIES

POUR STROPHES EN VERS DE 6 SYLLABES

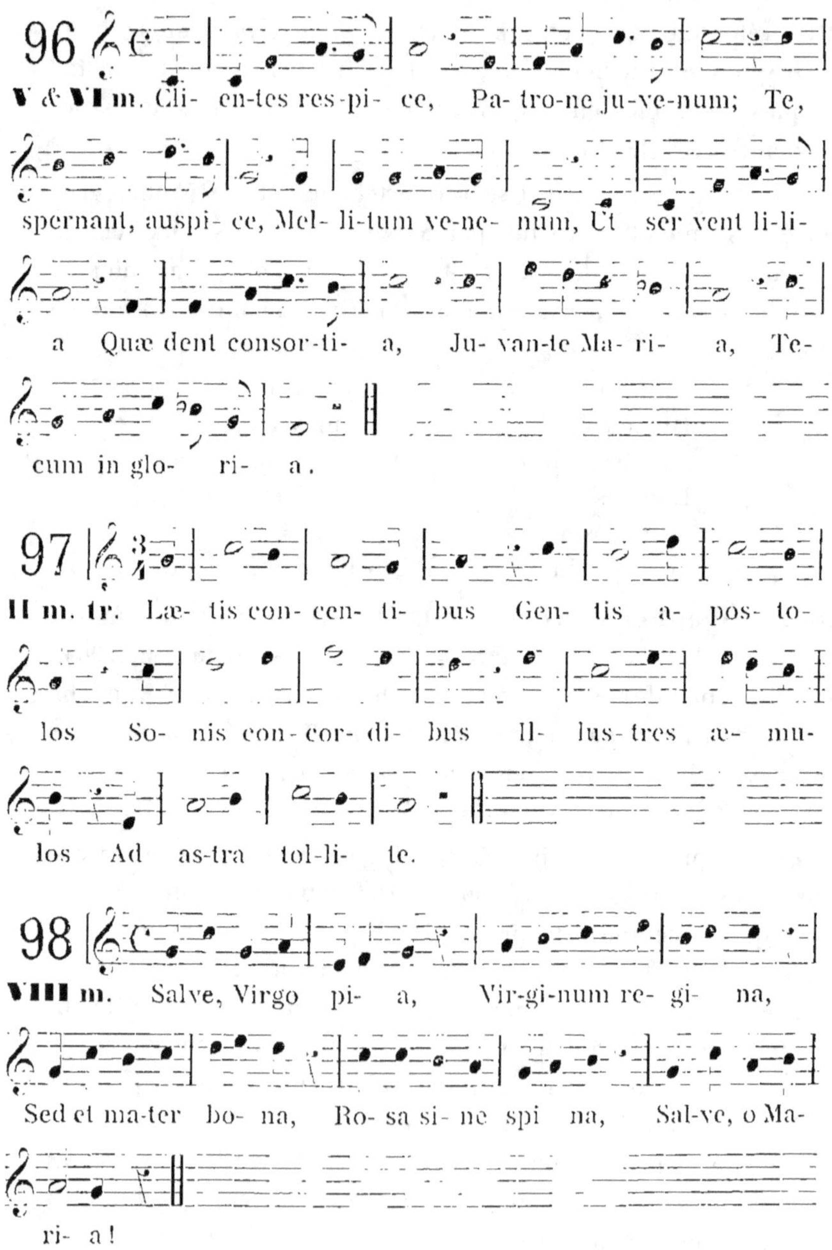
96
V & VI m. Cli- en-tes res-pi- ce, Pa- tro-ne ju-ve-num; Te,
spernant, auspi- ce, Mel- li-tum ve-ne- num, Ut ser vent li-li-
a Quæ dent consor-ti- a, Ju- van-te Ma- ri- a, Te-
cum in glo- ri- a.
97
II m. tr. Læ- tis con- cen- ti- bus Gen- tis a- pos- to-
los So- nis con- cor- di- bus Il- lus- tres æ- mu-
los Ad as-tra tol-li- te.
98
VIII m. Salve, Virgo pi- a, Vir-gi-num re- gi- na,
Sed et ma-ter bo- na, Ro- sa si- ne spi na, Sal-ve, o Ma-
ri- a!

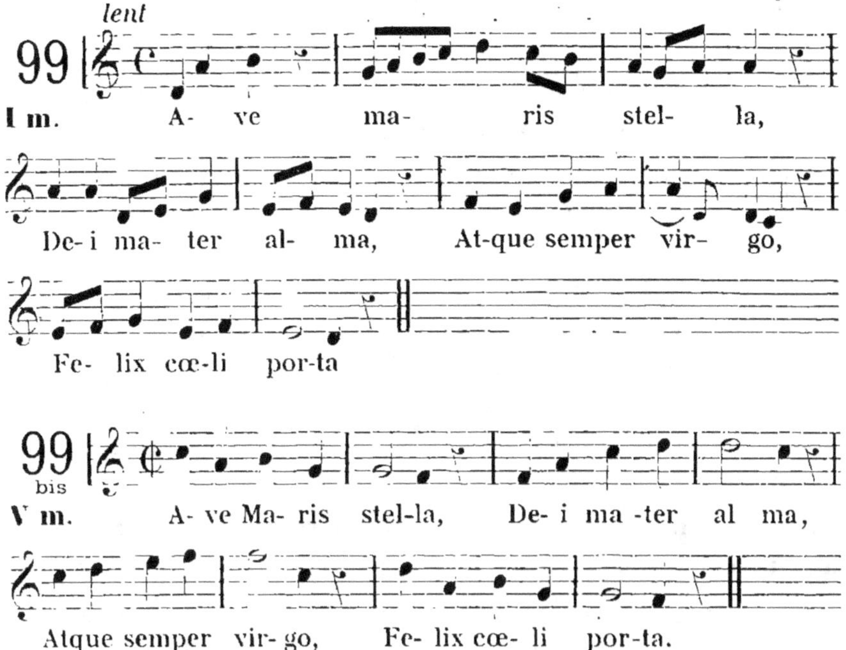
lent
99
I m.
A- ve ma- ris stel- la,
De- i ma- ter al- ma, At-que semper vir- go,
Fe- lix cœ-li por-ta
99
bis
V m.
A- ve Ma- ris stel-la, De- i ma -ter al ma,
Atque semper vir- go, Fe- lix cœ- li por-ta.

58.— Strophes en vers de CINQ syllabes.

Les vers de 5 syllabes sont généralement féminins et forment une strophe de 7 vers dans une prière pour les morts, de l'ancien rit parisien (Mél. 100). Il n'y a pas de rimes, mais des assonances qui sont mêlées sans ordre fixe.

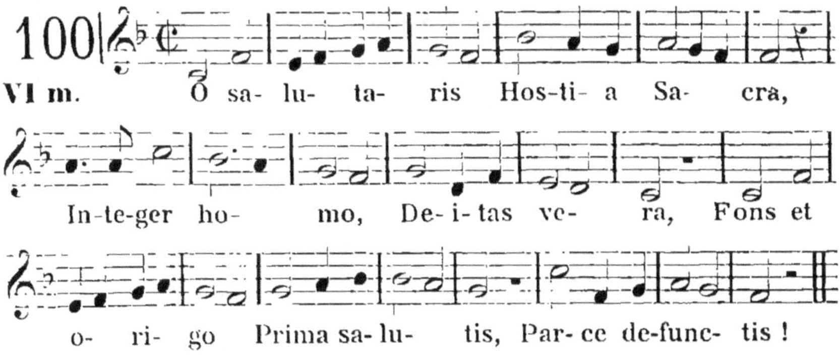
100
VI m.
O sa- lu- ta- ris Hos-ti- a Sa- cra,
In-te-ger ho- mo, De- i- tas ve- ra, Fons et
o- ri- go Prima sa- lu- tis, Par- ce de-func- tis !

59. Strophes de vers de QUATRE syllabes.

Le vers de 4 syllabes sert principalement à terminer une strophe de vers plus longs (Voir Nos 46 et 47). Il se trouve aussi comme dédoublement du vers de 8 syllabes (No 55). Mais on l'a même employé comme unique élément de petites strophes de 6 vers, par exemple dans la prose d'Abailard sur le massacre des Innocents :

Ad cœlestis
Ortum Regis
Rex terrenus
Jus auferri
Timet sibi
Principatus.

Hinc commotus
Rex iniquus
In infantes,
Ut infantum
Perdat unum,
Perdit plures.

Propter unum
Multi Christum
Sunt perempti,
Sed per unum
Omnes Christum
Coronati. etc ..

Dans ces petits vers on ne peut guère exiger que des assonances au lieu de rimes régulières.

60. Quant au **vers de trois syllabes**, à peine existe-t-il. On n'en trouve qu'un seul exemple : dans l'*Adeste* qui a aussi un vers de 7 pieds *féminin*, chose très rare. Il n'y a pas de rimes. Ce cantique de Noel si suave, par lequel nous aimons à terminer cette petite étude est ainsi composé :

6 f Adeste fideles
6 f Læti triumphantes,
6 f Venite, Venite
4 m In Bethleem :

5 f Natum videte
6 f Regem Angelorum;
7 f Venite, adoremus
3 m Dominum.

TABLE DES MATIÈRES

(Les chiffres renvoient aux *pages* pour le texte et aux *numéros* pour les mélodies).

Imprimerie Sainte Cécile, à Saint - Marcel-lès-Chalon (Saône & Loire)

www.ingramcontent.com/pod-product-compliance
Lightning Source LLC
Chambersburg PA
CBHW071424220526
45469CB00004B/1425

9782012740433